بسم الله الرحمن الرحيم

دروس مستخلصة
من حرب لبنان الثانية (تموز 2006)

تقرير لجنة الخارجية والأمن
في الكنيست الإسرائيلي الصادر في
كانون الأول/ ديسمبر 2007

ترجمة

عدنان أبو عامر

مركز الزيتونة للدراسات والاستشارات

بيروت - لبنان

Lessons Derived from the Second War on Lebanon (July 2006)
Report of the Committee of Security and Foreign Affairs in the
Israeli Knesset (Issued in December 2007)

Editor:

'Adnan Abu 'Amer

حقوق الطبع محفوظة

الطبعة الأولى

2008م – 1429هـ

بيروت – لبنان

ISBN 978–9953–500–42–3

مركز الزيتونة للدراسات والاستشارات

تلفـون: 44 36 80 1 961+

تلفاكس: 43 36 80 1 961+

ص.ب.: 14–5034 بيروت – لبنان

بريد إلكتروني: info@alzaytouna.net

الموقـع: www.alzaytouna.net

تصميم الغلاف
مروة غلاييني

طباعة
CA s.a.r.l. Beirut, Lebanon +961 1 30 44 44

فهرس المحتويات

مقدمة المترجم

زعم الخبراء الاستراتيجيون الإسرائيليون الذين صاغوا ما يمكن أن يسمى "النظرية القتالية"، طوال العقود الماضية، أن هدف القائد العسكري يتمثل في إرغام خصمه، دولة كان أو منظمة، على دخول الحرب وفق شروط وقواعد تُفرض عليه فرضاً. ويكون القائد العسكري على دراية بأن جيشه يمتلك تفوقاً نسبياً على العدو، كما يحرص تمام الحرص على أن لا يُجرَّ إلى حرب يكون فيها التفوق لصالح خصمه.

ما حصل مع "إسرائيل" خلال الحرب الثانية مع حزب الله، أن جيشها خاض اللعبة وفق قواعد حزب الله، وانزلق في معركة، كان للحزب تفوق نسبي فيها؛ فلم يكن بمقدور الجيش الإسرائيلي أن يحقق النصر منذ البداية.

اعتادت "إسرائيل"، كجزء من أعرافها الدستورية والقانونية، على تشكيل لجان تحقيق وفحص إخفاقاتها، التي رافقت عملياتها العسكرية وحروبها النظامية، ومن أهمها:

• لجنة أغرانات سنة 1973؛ لفحص جاهزية الجيش قبل اندلاع حرب أكتوبر.

• لجنة كاهان سنة 1982؛ في أعقاب مذابح صبرا وشاتيلا خلال حرب لبنان.

• لجنة لانداو سنة 1986؛ التي تفحصت أساليب التحقيق في جهاز الأمن العام "الشاباك".

• لجنة شمغار سنة 1995؛ التي تشكلت بعد اغتيال "رابين"، لفحص أداء المسؤولين عن حمايته.

• لجنة أور للتحقيق في أداء الشرطة خلال أحداث تشرين الثاني / أكتوبر 2000.

• لجنة فينوغراد سنة 2007؛ للتحقيق في إخفاقات الجيش في حرب لبنان الثانية.

هذا التقرير الذي أعدته لجنة الخارجية والأمن التابعة للكنيست، أرفع وأرقى اللجان البرلمانية، يقدم تشخيصاً دقيقاً وتفصيلياً لجميع الإخفاقات التي عانت منها "إسرائيل" الدولة، جيشاً وحكومة، على مدار أشهر عديدة، بين تموز/ يوليو 2006 وكانون الأول/ ديسمبر 2007، وبعد لقاءات ضمت قائمة طويلة من الشخصيات الرسمية في المستويين؛ جنرالات حاليين ومتقاعدين من المستوى العسكري، وساسة ووزراء حاليين وسابقين من المستوى السياسي.

5

وسيشعر القارئ لتفاصيل هذا التقرير وحقائقه المؤلمة -إسرائيلياً- أنه من الممكن أن تكون حرب لبنان الثانية هي "فيتنام إسرائيل"، التي حاولت إخضاع تنظيم عصابات بواسطة القصف المدفعي والجوي، دون مناورات مكثفة، واستخدمت قواتها بصورة تدريجية متدحرجة، بينما انكسرت الرغبة الشعبية في ظلّ تزايد عدد المصابين. كما أن الدولة لم تقاتل بنيّة وعزيمة صافيتين، سعياً لتحقيق الانتصار.

الأنباء "السيئة" في نظر الإسرائيليين في خلاصة التقرير "أننا فشلنا"، وبالتالي إنهاء الحرب دون نصر، ودون أن تتمكن الحكومة حتى من مجرد الادعاء بالنصر، تسبب بمشاكل داخلية لحكومة "إيهود أولمرت" كان يمكن تطيح بها، وستؤدي إلى نهاية قوة الردع الإسرائيلي، وإلى طرح علامات تساؤل حول وجود "إسرائيل"، ودورها في خريطة الشرق الأوسط الجديدة.

وحتى لا نتهم بالمبالغة، سنعرض لبعض الأقوال التي رددها أو كتبها قادة وكتّاب إسرائيليون، استبقت نتيجة هذا التقرير، الذي جاء ليضع النقاط على الحروف، وربما كما يقولون لـ"رش الملح على الجرح الإسرائيلي"، ومن أبرز ما قيل في هذه الحرب :

- الرئيس الإسرائيلي "شمعون بيريس"، وصف هذه الحرب بأنها مسألة حياة أو موت لـ"إسرائيل"، وقال منذ بدايتها: إما أن ندخل في حرب شاملة مع حزب الله ونكملها، أو نقبل بوقف إطلاق النار، والتفاوض على تبادل الأسرى، معلناً انحيازه للخيار الأول.

- الوزير "حاييم رامون" قال: إن نهاية الحرب بصورتها الراهنة يعني هزيمة مدوية لنا.

- وزير الأمن الداخلي "آفي ديختر" قال: إن "إسرائيل" لا يمكنها إعلان النصر إذا كان بوسع حسن نصر الله الخروج في اليوم التالي ليعلن انتصاره!.

- "أوري دان" كاتب يميني مقرب من "شارون" قال: على الجيش الإسرائيلي أن ينتصر بالضربة القاضية، إذا كان اليهود لا يريدون في المرة القادمة المحاربة وظهورهم إلى البحر.

- "عاموس هرئيل" المحلل العسكري الأبرز قال: إذا توقف الجيش الآن، بسبب ضغط الخسائر، فإن هذا سيكون الانتصار الأكبر لتنظيم حزب الله.

• الراحل "زئيف شيف"، الذي كان يوصف عادة بكبير المعلقين العسكريين والاستراتيجيين الإسرائيليين، كتب قائلاً: الأمر الاستراتيجي الأهم في هذه الحرب هو أنه يجب هزيمة حزب الله بكل ثمن، واصفاً ذلك بالخيار الوحيد القائم أمام "إسرائيل"، إذا لم يهزم حزب الله، ولم يشعر بأنه هزم في هذه الحرب، فستكون هذه نهاية الردع الإسرائيلي حيال أعدائها، الأمر الذي سيعزز حركة حماس، بصورة تجعل من المشكوك فيه أن يوجد فلسطينيون مستعدون للتوصل لاتفاقات مع "إسرائيل".

ما سبق من تصريحات، وما سيأتي من تفاصيل عسكرية؛ ميدانية وإجرائية، يوضح أن "إسرائيل" تقف بعد عامين من الحرب، عاجزة حائرة مرتبكة تخشى الحرب القادمة، بسبب ما يمكن أن تتكبده من خسائر إذا أرادت تصفية حساباتها مع حزب الله في الشمال، ومع حماس في الجنوب، لأن ذلك لن يكون دون حرب برية، والحرب البرية مكلفة، ومكلفة جداً!.

إن نتائج الحرب بعد مرور أكثر من عامين على اندلاعها تبدو واضحة أكثر، فـ"إسرائيل" لم تربح، وحزب الله لم يخسر، وبرهنت هذه الحرب حدود القوة والقيود التي تكبل "إسرائيل"، خصوصاً إذا لم تجد قيادة حكيمة ذات خبرة قادرة على استخدامها، كما برهنت الحرب استحالة هزيمة المقاومة، خصوصاً إذا توفرت لديها الإرادة والإمكانيات والدعم الشعبي والعمق الإقليمي والاستراتيجي.

لقد تمت ترجمة هذا التقرير كما هو في نصه الأصلي، واستخدمت الكلمات والمصطلحات نفسها، حتى وإن خالفت قناعات المترجم أو الناشر، إلا في مواضع محددة أشار إليها المترجم؛ وذلك سعياً لتقديم ترجمة أمينة ودقيقة للتقرير؛ ولإتاحة المجال للباحثين والمهتمين على الاطلاع على النص الأصلي، وفهم العقلية وطريقة التفكير الإسرائيلية. ولذلك فإننا ننبه القارئ الكريم إلى القراءة بتمعن وحذر عند قراءة النص.

عدنان عبد الرحمن أبو عامر

غزة – تموز / يوليو 2008

نصّ التقرير

نصّ التقرير

مقدمة التقرير

ستون عاماً من الاستقلال تساوي أيضاً ستين عاماً من الكفاح، وعلى الرغم من كل الجهود التي بذلتها لإقامة السلام مع جيرانها، ما زالت دولة إسرائيل منذ تأسيسها في معركة تثبيت وحماية كيانها، وما زالت تدفع ثمناً فادحاً في معركتها هذه.

في حرب لبنان الثانية، اضطررنا لدفع ثمن أيضاً، إلا أنه كان أكثر كلفة وأكثر إيلاماً، فخلال تلك الحرب سقط 119 جندياً إسرائيلياً، كما قتل 40 مدنياً إسرائيلياً جراء صواريخ حزب الله التي استهدفت المدنيين، فيما أصيب كثيرون ومن بينهم أرباب عائلات تغيرت ظروف حياتها، وسوف تعيش في معاناة دائمة بسبب الإصابات التي وقعت لأفرادها. بالإضافة إلى ذلك، أسر العدو الجنديين إيهود غولدفاسير، وإلداد ريغف، في بداية الحرب، وما زال مصيرهم مجهولاً حتى كتابة هذه السطور[1].

خلَّفت هذه الحرب شعوراً باليأس والإحباط وخيبة الأمل في أوساط عامة الإسرائيليين، وقد كانت عشرات الإفادات التي أدلى بها الضباط والجنود وعناصر الاحتياط، الذين تمّ استدعاؤهم من قبل هذه اللجنة في المرحة الأولى لاستخلاص الدروس والعبر؛ خير معبّر عن هذه المشاعر القاتمة. فقد عبر جنود الاحتلال، أمام أفراد اللجنة، عن مشاعر قاسية أثرت على مجمل أدائهم القتالي في ميدان المعركة. بالإضافة إلى ذلك، فإن مجمل ما قدموه من إفادات، أشارت بصورة أو بأخرى، إلى أن نفير مستقبلي لخوض معركة جديدة، قد لا يجد الاستجابة نفسها التي لبوا بها نداء الحرب الأخيرة.

وهذا بدوره أوجد لدى أعضاء اللجنة شعوراً بأن هناك دوراً كبيراً ينبغي أن يقوم به قادة الدولة تجاه جنود الاحتياط، الذين أصيبوا بصدمة نفسية عميقة لن تزول آثارها قريباً، بسبب إحساسهم بالفشل الذريع في ميدان المعركة.

امتنعت لجنة الخارجية والأمن التابعة للكنيست، معدة هذا التقرير، بمحض إرادتها،

[1] في لحظة إعداد هذه الترجمة، أواسط تموز/ يوليو 2008، تمّ إبرام صفقة التبادل بين حزب الله و"إسرائيل"، وبموجبها أعيد جثمان الجنديين، مقابل الإفراج عن جميع الأسرى اللبنانيين، وقرابة 200 من جثامين الشهداء الفلسطينيين والعرب. (المترجم)

عن توجيه أي توصيات شخصية، للقيادات السياسية والعسكرية، وعُيّنت لجنة مُوقَّرة برئاسة القاضي المتقاعد في محكمة العدل العليا، إلياهو فينوغراد، أوكلت إليها هذه المهمة؛ حيث نشرت هذا اللجنة تقريريها ووضعتهما في متناول الجمهور الإسرائيلي[2].

يناقش التقرير المشار إليه بصورة شخصية الأدوار التي قام بها قادة المستويين السياسي والعسكري، فيما ارتأت لجنتنا الابتعاد قدر الإمكان عن التوصيات الشخصية، ذلك أن عدداً منا يشغل مواقع برلمانية في هذه اللحظة، مما قد يوقع اللجنة في إشكاليات حساسة. وبالتالي لا ننصب أنفسنا قضاة مستقلين متحررين من أي التزامات أيديولوجية، و/ أو حزبية، و/ أو شخصية.

وعلى الرغم من ذلك، ستتركز توصيات اللجنة التي أعدت هذا التقرير في ملاحظات وخلاصات مهنية، وميدانية، ونظرية، انطلاقاً من الأسس التي قامت عليها منذ اللحظة الأولى لإقرارها، والتي تتناول بالدرجة الأولى المشاركة مع كل الأجهزة والمؤسسات في عملية إصلاح الجهاز الأمني الإسرائيلي، بعد أن وضعت الحرب على لبنان أوزارها.

ولذلك، سوف يبدو التقرير مهتماً بالدرجة الأولى -كما سيلاحظ قراؤه- في توضيح العديد من القواعد السياسية الأمنية المبدئية، التي رأت اللجنة أن تهتم بها قبل كل شي، انطلاقاً من مسؤولياتها البرلمانية.

جاءت حرب لبنان الثانية كرد إسرائيلي صاعق وحاسم على أعمال القتل والخطف، التي قام بتنفيذها حزب الله، في المناطق السيادية لدولة إسرائيل. فيما ردّ حزب الله بإمطار مناطق مختلفة من الجبهة الداخلية الإسرائيلية بكميات هائلة من الصواريخ والقذائف ولم يكن ذلك مفاجئاً، فقد كانت عملية تقوية الحزب، ودورات التأهيل التي خضع لها مقاتلوه أموراً معلومة منذ سنوات.

وفي الوقت الذي قررت فيه إسرائيل وضع حدٍّ لسياسة ضبط النفس إزاء حزب الله، وارتأت بأن الردّ عليه يمتاز بالحدة والحسم في آن واحد، فقد كان المستويان: السياسي والعسكري، على دراية بأن أحد النتائج الطبيعية والتبعات المتوقعة لهذا الردّ، أن تخوض

---

[2] صدر تقرير اللجنة على مرحلتين، المرحلة الأولى صدر التقرير المبدئي في نيسان/ أبريل 2007، والتقرير النهائي في كانون الثاني/ يناير 2008. (المترجم)

الدولة حرباً طويلة الأمد مع الحزب، ومعارك قد تطول مدتها وتتوسع دائرة أهدافها. حيث كان من المتوقع أن تُصيب قسماً كبيراً من المدنيين الإسرائيليين، على الأقل في مناطق الشمال. وعلى عكس هذه التقديرات، فإنه حين اندلعت المعارك، بدا وكأن مهمة الجيش كانت منحصرة بإحباط قدرة حزب الله على إطلاق الصورايخ باتجاه إسرائيل.

عملياً: لم يتحقق هذا الهدف، فالحرب استمرت 34 يوماً، وفي نهايتها بقي التهديد الصاروخي قائماً، كما كان في اليوم الأول من اندلاعها.

سبب الفشل: لم يكن قرار خوض الحرب ضدّ حزب الله ملائماً لطبيعة الهدف المطلوب، فقد اختارت إسرائيل الانطلاق بحرب ضارية ضدّ الحزب من خلال القصف العنيف لأهداف حزب الله، وباقي المناطق اللبنانية. وظنّ صُنّاع القرار في إسرائيل بأن سلاح الجو الإسرائيلي كفيل وحده بإزالة تهديد حزب الله، علماً بأن الطريقة التقليدية الكلاسيكية لتفعيل القوة العسكرية تأتي من خلال:

1. احتلال مواقع إطلاق الصواريخ.
2. القيام بعمليات تطهير وتمشيط لتلك المواقع حتى النهاية.
3. التوغل في عمق المناطق التي يحتمل أن تتحول إلى مواقع بديلة.

أعطى الفشل الذريع في ميدان المعركة تفسيراً صريحاً عن الاختلاف الواضح بين طبيعة تفعيل سلاح النار المضاد، وبين القيام بعملية عسكرية برية ذات تدريب عميق، واتساع جغرافي.

جوهر الأداء العسكري الذي رأيناه في حرب لبنان مبني على فرضية أن تدمير أهداف العدو من خلال نيران مكثفة، سوف يحرج قيادة حزب الله ويضطرها لإعادة التفكير بجدوى إطلاق لاصواريخ، باتجاه إسرائيل. لكن تبين أن قدرة حزب الله العملياتية، فيما يتعلق بإطلاق الصورايخ، لم تتأثر بصورة جوهرية. وبكلام آخر، فإن هدف القيادة الإسرائيلية كان تغيير الواقع القائم من خلال إيصال العدو إلى قناعة كانت تأمل أن يصل إليها بسرعة، وبالتالي أصبح الأمر بيد حزب الله ومتوقفاً عليه فقط. ولما لم يظهر العدو ضعفاً بادياً، ولم يبدِ استعداداً لإعادة تقييم خسائره بفعل الضربات الجوية، فإن الواقع الذي طالبنا بتغييره، ودفعنا من أجله ثمناً باهظاً، ظلّ وللأسف كما كان ولم يتغير شيء.

وفي المقابل، فإن العملية العسكرية البرية كان من شأنها أن تُحدث التغيير المنشود في الواقع دون التفكير بإرادة العدو، وبعيداً عن محاولة استقراء الحالة النفسية لقادته وزعمائه. وبالتالي، كان يمكن أن ترغم العدو على تغيير قناعاته والمبادرة إلى وقف التهديد، حيث كانت ستفرض معطيات جديدة على الصعيد الميداني، من خلال عملية حاسمة.

ويعود السبب في اعتماد استراتيجية حصر أدوات المعركة بالقصف العنيف إلى:

1. تَعزُّز عملية التسلح بالصواريخ طويلة المدى.
2. ابتداع نظريات عسكرية ميدانية جديدة.
3. إدارة المعارك بطرق علمية.
4. وجود شبكات الاتصالات المتطورة، وغيرها.

وبالتالي جاء تقدم هذه التكنولوجيا الجديدة، ليلقي على عاتق صنع القرار العسكري في إسرائيل، رغبة في إحداث ثورة في إدارة المعركة العسكرية. وبالتالي، أغرى هذا التقدم التكنولوجي صناع القرار في المؤسسة العسكرية بإحداث ثورة في طرق إدارة المعارك العسكرية. ولذلك كان الهدف الاستراتيجي لهذه الحرب بمثابة تطبيق للنظريات العسكرية الجديدة؛ حيث كان هناك تصور بأن القصف العنيف سيؤدي في النهاية إلى تدمير قيادة العدو، مفسحاً المجال أمام تنفيذ عمليات تقليدية كلاسيكية تحسم لصالحنا، من خلال السيطرة الميدانية على البيئة الجغرافية، وتدمير قوات العدو التي تنتشر فيها.

ولهذا السبب تبلورت قناعات صناع القرار في المستويين السياسي والعسكري في إسرائيل، بضرورة استخدام استراتيجية القصف العنيف في مواجهة حزب الله. لكن ذلك لم يغنِ عن ضرورة شنّ عملية عسكرية برية في عمق أراضي العدو، وعلى تماس قريب جداً مع مقاتليه. بالرغم مما قد نتكبده من خسائر بشرية فادحة في أوساط قواتنا؛ لأن المواجهات البرية أكثر فعالية من الحرب الاستنزافية، التي تدار دون حصول توغل ميداني، واحتلال مناطق وتمشيطها، والبقاء فيها فترة طويلة من الزمن.

وقد أثبتت مجريات الحرب الأخيرة أن هذا تصور نظري فحسب، إذ إن ضرب أهداف معينة لن يؤدي بالضرورة للقضاء المبرم على العدو، فعدو مثل حزب الله، لم يتأثر بضرب البنى التحتية إلا بشكل محدود، كما أنه لم يبدِ قلقاً تجاه ما أصاب المدنيين، بل سعى أكثر من

أي شيء، إلى جعل الإصابات محصورة في صفوف قواتنا.

وبالتالي، لم يكن من المجدي الاكتفاء بالغارات الجوية المكثفة وبالقصف العنيف، إذ ظلّ بمقدوره نشر مقاتليه سريعاً عبر خلايا صغيرة تقوم بإطلاق الصواريخ، وتمتلك القدرة على الاختباء سريعاً، والاختفاء عن عيون الطيارين، والاحتماء بمواقع السكان المدنيين. وفي هذه البيئة التي تقدم له خدمات جليلة تتركز أهمها في جمع المعلومات الأمنية والاستخبارية.

هناك أيضاً محدودية بارزة للعيان في طبيعة المعركة الميدانية، التي خاضتها قواتنا خلال حرب لبنان الثانية، فضلاً عن صعوبات وإخفاقات عديدة شهدت عليها، لا سيّما في مواجهة عسكرية قاسية أمام منظمة تخوض حرب عصابات، أداؤها مختلف تماماً عن طريقة أداء الجيوش التقليدية.

لتلك الأسباب وغيرها، اجتمعت لجنة الخارجية والأمن التابعة للكنيست للقيام بمهمة واحدة أساسية، تتلخص في مراجعة طبيعة المواجهات التي دارت في حرب لبنان الثانية، واستخلاص الدروس والعبر من خلال عملية منظمة ونوعية وعميقة، وإعطاء الرأي في خطوات الإصلاح الخاصة بالجيش تحضيراً لمعارك مستقبلية قادمة، سواء بادرنا إليها من تلقاء أنفسنا، أم فرضت علينا.

أخيراً، أود تقديم جزيل الشكر لكل أعضاء اللجنة على مشاركتهم الفعالة، في النقاشات والجولات التي قاموا بها لإنجاز التقرير، وعلى دورهم الحثيث في الخروج بتوصيات واستخلاصات لصناع القرار. كما أشكر أعضاء لجنة الخبراء الاختصاصيين الذي قدموا إسهامات قيمة، من خلال جمع الكثير من المعلومات، التي قدمت خدمات جليلة لإنجاز التقرير، وخروجه إلى حيز الوجود.

عضو الكنيست

تساحي هنغبي

رئيس لجنة الخارجية والأمن[3]

[3] أحد أهم اللجان البرلمانية الدائمة في الكنيست، وتتركز مجالات عملها في مجالي: السياسة الخارجية للدولة، والقوات المسلحة للدولة وأمنها. وهناك لجان فرعية تابعة لها، وهي: اللجنة الفرعية لفحص استعداد الجبهة الداخلية، واللجنة الفرعية للعلاقات الخارجية والإعلام، واللجنة الفرعية للقوى البشرية في الجيش الإسرائيلي، واللجنة الفرعية للشؤون المخابراتية والخدمات السرية، واللجنة الفرعية لنظرية الأمن، واللجنة الفرعية لحالة الإنذار والأمن الميداني. (المترجم)

أعضاء لجنة الخارجية والأمن

التابعة للكنيست

1. عضو الكنيست تساحي هنغبي، رئيساً.
2. عضو الكنيست يتسحاق بن يسرائيل.
3. عضو الكنيست يوفال شتاينتس.
4. عضو الكنيست عميراه دوتان.
5. عضو الكنيست سيلفان شالوم.
6. عضو الكنيست عوتنيئيل شنلر.
7. عضو الكنيست استرينا تروتمان.
8. عضو الكنيست أفرايم سنيه.
9. عضو الكنيست يسرائيل حسون.
10. عضو الكنيست كوليت أبيتال.
11. عضو الكنيست آفي إيتام.
12. عضو الكنيست داني ياتوم.
13. عضو الكنيست تسابي هندل.
14. عضو الكنيست شلومو بن عيزري.
15. عضو الكيست الحنان غيلزر.
16. عضو الكنيست أبراهام رابيتس.
17. عضو الكنيست يوسي بيلين.

أعضاء اللجنة المتخصصين:

1. ميجر جنرال المتقاعد أبريئيل بار يوسف، مدير اللجنة.

2. الجنرال المتقاعد شموئيل ليتكين، مستشار مهني.

3. المحامية ميري فرانكيل شور، المستشارة القانونية.

4. أفنير سمحوني، مستشار مهني خارجي.

5. آساف فريدمان، مساعد مدير اللجنة.

ملخص عن خلفية الأحداث

يوم الأربعاء الموافق 2006/7/12، قرابة الساعة التاسعة صباحاً، خرجت قوة عسكرية تابعة للجيش الإسرائيلي، مكونة من مركبتين عسكريتين من طراز "هامر"، كان فيهما سبعة جنود، في دورية عادية على طول الحدود اللبنانية، متجهة شرقاً، نحو منطقتي "زرعيت وشتولا".

بعد ربع ساعة من انطلاق الدورية، تعرضت الدورية لإطلاق نار كثيف من كمين عسكري في منطقة "المطلة"، من مسافات قريبة، وقريبة جداً، من داخل الأراضي الإسرائيلية.

النتيجة الأولية لهذا الهجوم المسلح، كانت سقوط ثلاثة قتلى من الجنود، وإصابة اثنين، واختطاف جنديين من قبل عناصر منظمة حزب الله.

بعد ساعة وربع من وقوع الحادث، أرسلت دبابة مدرعة، تصاحبها قوة راجلة من الجنود، باتجاه الجدار الحدودي بين لبنان وإسرائيل، إلى المنطقة ذاتها التي أطلقت منها النار باتجاه الدورية؛ من أجل ملاحقة مقاتلي حزب الله الذين اختطفوا الجنديين، والعمل على إعاقة انسحابهم.

وقعت الدبابة في كمين نصبه المسلحون؛ حيث انفجرت فيها عبوة ناسفة كبيرة الحجم، أدت لانفجارها فوراً، فتحطمت بشكل كامل، وقتل أربعة من أفراد طاقمها، وقتل جندي خامس من القوة الراجلة على الفور. وصاحب خطف الجنديين إطلاق نار كثيف من مختلف الجهات، وإطلاق قذائف هاون من قبل عناصر حزب الله، باتجاه عدة أهداف في منطقة الجبال الحدودية.

في أعقاب حادثة الاختطاف عقدت الحكومة اجتماعاً طارئاً، واتخذت قراراً بتنفيذ عملية عسكرية، "للرد بصورة حاسمة وقاسية" على حزب الله، ووافقت على سلسلة من العمليات العسكرية التي قدمها مسؤولو جهاز الأمن.

في المقابل، وفي أعقاب تنفيذ إسرائيل لعملياتها المقررة، قام حزب الله بتصعيد هجماته، وخصوصاً عمليات إطلاق القذائف الصاروخية باتجاه مراكز التجمعات السكانية شمال إسرائيل. أطلق على هذه المعركة العسكرية اسم "حرب لبنان الثانية"، واستمرت 34 يوماً، حتى 2006/8/12؛ حيث أصدر مجلس الأمن الدولي في ذلك التاريخ القرار 1701.

خلال هذه الحرب، قتل 40 مواطناً، و119 جندياً إسرائيلياً، واضطر سكان شمال إسرائيل الذين يزيد عددهم عن مليون نسمة، للبقاء في الملاجئ والمناطق المحصنة خلال أيام الحرب بسبب صواريخ حزب الله. وحتى نهاية الحرب أُمطرت إسرائيل بما يزيد عن أربعة آلاف صاروخ، معظمها من طراز "كاتيوشا".

لم تكن تلك المرة الأولى، التي يحاول فيها حزب الله اختطاف جنود من عناصر الجيش الإسرائيلي. فحزب الله الذي أنشئ خلال حرب لبنان الأولى سنة 1982، استطاع أن يقوي صفوفه، وأن يتسلح، وخاض حرب استنزاف مع الجيش الإسرائيلي في منطقة الحزام الأمني في جنوب لبنان. كما نجح في إطلاق الصواريخ تجاه التجمعات السكنية شمال إسرائيل، مما دفع جيشها إلى الانسحاب من جنوب لبنان في أيار/ مايو 2000. وبعد أشهر قليلة من الانسحاب، نجح حزب الله في اختطاف ثلاثة جنود إسرائيليين من المنطقة الحدودية بجوار "جبل دوف". ولم تتوقف محاولات حزب الله اختطاف المزيد من الجنود؛ ففي تشرين الثاني/ نوفمبر 2005، فشل الحزب في محاولة استهداف موقع للجيش الإسرائيلي قرب قرية الغجر من أجل اختطاف جنود كانوا بداخله. ومنذ إنشائه، اعتمد حزب الله في تسليحه على سورية وإيران، اللتان قدمتا مساعدات لتأهيل جنوده وتدريبهم، وقام بتنفيذ العديد من العمليات العسكرية ضدّ إسرائيل خدمة لمصالحهما.

جوهر القوة التسليحية لحزب الله تتمثل في القذائف طويلة المدى، التي تصل لأكثر من 100 كم، والتي استطاع بفعلها أن يهدد مناطق مختلفة من إسرائيل. وإلى جانب ذلك، نجح الحزب في بناء شبكة اتصالات، قيادة ميدانية مؤهلة، وشبكة واسعة من الأنفاق والمخابئ، منتشرة على طول الحدود الجنوبية للبنان.

ودرب حزب الله مقاتليه على حرب العصابات والاستنزاف، حيث أتقنوا مختلف فنون المواجهات الميدانية. وهنا يجب التذكير أنه في بداية سنة 2005 خرجت القوات السورية من لبنان؛ مما أدى لتقوية موقف الحزب من عدة جهات، سواء فيما يتعلق بموقعه على الخريطة السياسية في لبنان، أم كونه ذراعاً عسكرياً متقدماً لسورية في لبنان.

وهكذا، وضع الجيش الإسرائيلي أمام تحدٍّ صعب تمثل بحزب الله، الذي اضطر لمواجهته عسكرياً فيما بعد. ولذا فإن طبيعة المواجهة العسكرية، التي خاضتها الدولة خلال حرب لبنان الثانية، وإدراك الإسرائيليين بأن هذه التجربة من الممكن أن تتكرر، وأن الدولة

من الممكن أن تخوض مواجهات مشابهة، تجعل هناك حاجة حتمية لاستخلاص الدروس والعبر.

وتحقيقاً لهذا الأمر، فقد قام جهاز الأمن –وبمختلف أذرعه– فور انتهاء العمليات الحربية، بإجراء سلسلة تحقيقات معمقة وواسعة، وصلت لفحص جميع الأدوات العسكرية والحربية التي استخدمت خلال الحرب، وصولاً لتحسين قدرات الجيش القتالية، والتسريع برفع جاهزيته واستعداداته المتوقعة.

ومع ذلك، فإن كل جهاز في المؤسسة العسكرية، والجيش على رأسها، بحاجة لعملية فحص دقيق، والقيام بعملية نقدية من الخارج، لاستكمال عملية الإصلاح المرجوة. علماً بأن هذا الفحص والنقد يتطلب الإحاطة بأن هناك أجهزة أخرى غير عسكرية شاركت في الحرب؛ كالحكومة، ووزارة الخارجية، ومؤسسات أمنية أخرى.

لجنة الخارجية والأمن موكلة من قبل الكنيست لفحص وتدقيق أداء الأجهزة الأمنية والعسكرية، المشتغلة في المجالات السياسية والخارجية والأمن في إسرائيل. وكما حصل في الحروب الماضية، أسفرت حرب لبنان الثانية عن نتائج تاريخية لها علاقة بحاضر الدولة ومستقبلها. لذلك دخلت اللجنة في تحقيقاتها، لأول مرة في تاريخها، إلى عمق الأعماق في تفاصيل الحرب، بمعزل عن الأطر والمسؤوليات التي قامت بها باقي اللجان الحكومية، ومراقب الدولة، وباقي الجهات البحثية في البلاد والعالم.

أخيراً، يأتي هذا التقرير، انطلاقاً من مسؤوليات اللجنة في الإشراف على عمل المستوى السياسي والذراع التنفيذي، والتبعات المختلفة لعملهما في مجال الأمن والخارجية.

طريقة العمل

بحسب قرار رئيس لجنة الخارجية والأمن، وبطلب من كافة أعضائها، وتوصية من الطاقم الخبراء المتخصصين الذي عين لجانبها، رأت اللجنة أن من واجبها الخوض في تفاصيل مجريات الحرب منذ اندلاعها. حيث اجتمعت اللجنة منذ اليوم الثاني للحرب في مكتبها في الكنيست، وأجرت نقاشاً مغلقاً مع وزير الدفاع، استمر لمدة ساعتين ونصف، استمعت خلاله إلى جملة من المعلومات الأمنية والأساليب العسكرية، ذات الأبعاد الاستراتيجية المستخدمة في هذه الحرب الدائرة.

قدم الوزير خلال النقاش الذي جرى خلاصة عن القرارات التي اتخذتها الحكومة، والخطوط العامة للعملية العسكرية التي شرع الجيش في تنفيذها. وما إن وضعت الحرب أوزارها، حتى بذلت اللجنة جهوداً مكثفة تمثلت بـ 40 زيارة وجلسة مع مختلف الجهات والأجهزة وثيقة الصلة بمجريات الحرب؛ حيث كانت تعقد جلسة واحدة على الأقل كل يوم، وتقوم بزيارة ميدانية.

وخلال عمل اللجنة، قدمت قيادات سياسية وعسكرية عديدة شهاداتها وإفاداتها، من أبرزهم: رئيس الحكومة، ووزير الدفاع، ووزيرة الخارجية، ورئيس هيئة الأركان العامة، ورئيس جهاز الاستخبارات العسكرية "أمان"، وقائد سلاح الجو، وقائد سلاح البحرية، ورؤساء وحدات البحث والتخطيط العسكري، ورئيس وحدة أمن المعلومات، والرقابة العسكرية، وغيرهم من ممثلي وحدات الجيش المختلفة، ورؤساء الأجهزة الأمنية، وجهات أخرى عديدة.

وقامت اللجنة بزيارات ميدانية لعدد من الأماكن والمقرات، مثل جبهة القتال في الشمال، ومقر هيئة الأركان العامة، وقواعد الوحدات التنفيذية، ودوائر الجبهة الداخلية، وجهاز المعلومات.

ولما كانت الجبهة الداخلية ذات أهمية مركزية مباشرة في مجريات الحرب، فقد تقرر إقامة لجنة مساعدة، لتقدير مدى جاهزية واستعداد هذه الجبهة سواء في الظروف الطارئة، أم بعد انتهاء الحرب. وبالتالي تقرر تشكيل طاقم خاص لتحديد طبيعة التأهيل، الذي يجب أن تخضع له قيادة الجبهة الداخلية، في ضوء نتائج الحرب غير السارة.

بعد انتهاء العمليات الحربية، واصلت اللجنة تقييماتها، وأجرت جولات كثيرة من النقاش من أجل استخلاص الدروس من نتائج الحرب، قدمت خلالها نخبة رفيعة من مختلف ممثلي أجهزة الخارجية والأمن في الدولة، بمن فيهم كبار رجالات المستوى السياسي شهاداتها، وطلب منهم أعضاء اللجنة تقديم مقترحات وبدائل لتفادي نتائج الحرب التي دارت. ومن بين من مثل أمام اللجنة، شخصيات عينت في مواقع لجان التحقيق عقب الحرب.

وخلال مجريات النقاشات والأبحاث العديدة التي قدمتها اللجنة، تمّ توزيع المسؤوليات على اللجان الفرعية المساعدة التي أنشئت لاحقاً، وجاءت على النحو التالي:

1. اللجنة الخاصة بالأمن والاستخبارات، والمهام السرية، والأسرى، والمفقودين.
2. اللجنة الخاصة بتحديد خطورة الإنذارات الأمنية.
3. اللجنة الخاصة بالأسس الأمنية، وبناء القوة العسكرية.
4. اللجنة الخاصة بالعلاقات الخارجية والإعلام.
5. اللجنة الخاصة بالجهاز البشري داخل الجيش الإسرائيلي.
6. اللجنة الخاصة بمدى استعداد الجبهة الداخلية في حالات الطوارئ.
7. الطاقم الخاص بتقييم طبيعة التأهيل الذي خضع له كبار القادة وضباط الجيش.

وسمحت اللجنة لجنود وضباط الاحتياط ممن خدموا في الجيش خلال فترة الحرب، بتقديم إفاداتهم والاستماع إليهم؛ حيث قدم العشرات منهم توضيحات للعديد من التفاصيل الميدانية التي عايشوها خلال الحرب. فوجهوا انتقادات لاذعة بحقّ إدارة الحرب الميدانية؛ مما ساعد اللجنة على تكوين صورة عن التدريبات العسكرية التي خضع لها الجنود، وعن المشاعر المتناقضة التي اعترتهم خلال الحرب.

إضافة إلى ذلك، حصل طاقم الخبراء الاختصاصيين على وثائق ومواد عديدة، مثل الخطط العملياتية، وتقارير الاستخبارات، وملخصات للقاءات واجتماعات، وخرائط ميدانية، وأبحاث ودراسات، ومقالات صحفية، وتحليلات أكاديمية، وتمت مراجعتها وتدقيقها وتحليل معطياتها.

وتؤكد اللجنة أنها حصلت على كافة التسهيلات والتعاون والوثائق المختلفة اللازمة من قبل جهات الأمن والخارجية، التي قدمت إفاداتها أمامها، وخلال الزيارات الميدانية والجولات المكوكية.

وأتمت اللجنة جميع المهام الموكلة إليها، فعاينت الأداء الداخلي لمؤسسات الدولة الرسمية والسياسية والعسكرية، وقدمت توصياتها الخاصة بمجريات الحرب، علماً بأن اللجنة في تقريرها الأول هذا، لم تتطرق إلى التفاصيل المتعلقة بالحرب، ولم تقدم رسماً "كروكياً" ميدانياً بخصوص مجريات الحرب؛ لأن تلك المهمة خارج نطاق صلاحياتها وتقع على عاتق جهات أمنية وسياسية أخرى.

سعت اللجنة من خلال عملها إلى التركيز على نقاط أساسية، تتعلق بالاستعداد للحرب، ونتائجها والعبر المستخلصة منها، وتأثيراتها على طبيعة المواجهات العسكرية، التي قد تخوضها إسرائيل في المستقبل. وهذه النقاط تتناول الوظائف والمهام، التي يجب أن تقوم بها قيادات الأجهزة الأمنية المختلفة، فضلاً عن الجهاز السياسي [4].

كما نظرت اللجنة في بعض القضايا المنفصلة في مجالات مختلفة، واقتصر اهتمامها على تحديد ما يتعلق بإسهامات هذه الأمور في نجاحات وإخفاقات الحرب؛ من أجل التوصل إلى توصيات وخلاصات متعلقة بها.

يستهل التقرير فقراته الأولى بالحديث عن محاور مركزية أساسية، ليصل من خلالها إلى الخلاصات والتوصيات، كما سيتضح لاحقاً.

وانطلاقاً من مسوغ عملها، وتركيبتها الحالية، تجد لجنة الخارجية والأمن أن لديها القدرة على توضيح بعض الجوانب الخفية، بناء على اطلاع أفرادها على طيف واسع من المعلومات، وعلى تجربتهم العميقة في مجالي الخارجية والأمن والدبلوماسية؛ مما ساعدنا بالتأكيد على تكوين صورة شاملة عن معطيات الحرب المختلفة كما ستقرؤون في التقرير.

ويأمل أعضاء اللجنة أن تنجح توصياتهم في تصويب الوضع الخاطئ، الذي كان قائماً عشية اندلاع الحرب وخلالها، وأن تسهم في الوقت نفسه، في تقديم الدعم اللازم والإسناد القومي للدولة.

الجدير ذكره، أنه خلال مرحلة إعداد هذا التقرير لاستخلاص الدروس والعبر، بحثت اللجنة عن طريقة تجعل الجهات الرسمية تنظر إلى ما توصلت إليه اللجنة نظرة إيجابية.

---

[4] جزء من هذه المواضيع، كاستعداد الجبهة الداخلية في حالات الطوارئ، وتأهيل القيادات الرفيعة في الجيش، والأداء الإعلامي خلال الحرب، تم تناولها عبر تقارير منفصلة، جاء التقرير على ذكرها في بعض محاوره الفرعية.

وتبين لنا من خلال ما حصلنا عليه من معطيات، وجود صلة وثيقة بين ما خرجت به اللجنة من توصيات وخلاصات، وبين عدد من الإجراءات الميدانية التي وجدت طريقها للتنفيذ من قبل بعض الأجهزة ذات الصلة. ومع ذلك، وجدنا أنه من المناسب نشر ما توصلنا إليه من خلاصات وتوصيات، بغض النظر عن تلك الإجراءات والتصويبات.

المعطيات القائمة

مدى استعداد الجيش الإسرائيلي على الحدود الشمالية عشية الحرب:

طوال السنوات التي سبقت الحرب، كانت الأجهزة الأمنية والاستخباراتية والعملياتية، والقيادة السياسية الإسرائيلية على دراية بمدى تنامي قوة حزب الله العسكرية، وقدرته على تنفيذ عملية خطف جنود إسرائيليين. إلا أن إسرائيل اتبعت في تعاملها مع الحزب استراتيجية تقضي بعدم ترك الأمور تنحو باتجاه تدهور كلي بين الطرفين، والحيلولة دون وصول الطرفين لمواجهة صعبة؛ وقد تبلورت هذه الاستراتيجية ميدانياً منذ أن قرر الجيش الانسحاب من جنوب لبنان سنة 2000. وأصبحت هذه الاستراتيجية أداة لقياس العلاقة مع حزب الله، حيث اعتبرت إسرائيل أن أي حادث محلي مهما كان بسيطاً، على غرار حادثة خطف الجنديين، من شأنه أن يفتح مواجهة عسكرية، ذات أبعاد طويلة المدى، لن تخدم بحال من الأحوال المصالح الاستراتيجية لإسرائيل. وكجزء أساسي من هذه الاستراتيجية، اتبعت إسرائيل سياسة عدم إشعال المنطقة الشمالية تحت أي ظرف من الظروف، في الوقت الذي كان حزب الله يعمل فيه، في تلك المنطقة بالذات، على تقوية قواته وتحصين مواقعه ضدّ إسرائيل، بصورة أو بأخرى. وفي الظروف التي اقتضت رداً إسرائيلياً محدوداً جداً، كانت إسرائيل جاهزة له، امتنعت إسرائيل عن القيام به، بناء على السياسة المتبعة، والتي حرصت من خلالها أكثر من مرة على عدم تصعيد الوضع الميداني هناك.

وبغض النظر عن الانتقادات التي وجهت لهذه السياسة، إلا أنها انطلقت من قاعدة منطقية. فقد كان الوضع الداخلي يتطلب عدم فتح جبهة عسكرية أخرى أمام الجيش الإسرائيلي، الذي كان غارقاً حتى أذنيه في المواجهات الدائرة في المناطق الفلسطينية. فقد كانت هناك رغبة إسرائيلية جلية بعدم الانجرار إلى مواجهة عسكرية، في ظلّ ظروف ومعطيات سياسية واقتصادية غير مريحة بالنسبة لإسرائيل.

ولكن هذه السياسة أثرت سلبياً، من الناحية التكتيكية، على المستوى القتالي للجيش بصورة بالغة، حيث أصبح الجيش شبه غائب عن الجبهة الشمالية، إذ تراجعت الدوريات العسكرية، وتقلصت العمليات الميدانية على طول الخط الحدودي بصورة كبيرة، في وقت لم تكن إسرائيل قد استكملت نشر الأدوات القتالية التكنولوجية؛ فيما تراجعت الأنشطة

الاستخباراتية وعمليات جمع المعلومات وضعفت لدرجة مخيفة. فبكل بساطة، كانت خطة الجيش في التصدي لأي محاولة خطف قد يقوم بها حزب الله، إبعاد الجنود من المناطق المرشحة للاستهداف، دون التطرق للأبعاد الميدانية لخطوة من هذا النوع.

ففضلاً عن الخطورة التي تشكلها مثل هذه الخطوة على السيادة الإسرائيلية في تلك المنطقة الحدودية، فإن تقليص تواجد الجنود هناك بصورة لم يسبق لها مثيل، شكل خطورة على أمن المواطنين العاديين الذين كانوا يقتربون من تلك المنطقة، خاصة مع وجود احتمالات عالية لتعرضهم لعمليات خطف. وطوال تلك المرحلة لم تبادر قيادة الجيش إلى تنفيذ عملية عسكرية من شأنها ضرب قدرات حزب الله، أو على أقل تقدير توجيه رسائل ردعية له. وبكلمات أخرى، فإن القوة العسكرية التي دأب حزب الله على بنائها وتعزيزها على الجانب الآخر من الحدود، قابلها تراجع متسارع في الإجراءات الميدانية، حتى التكتيكية منها، من قِبَل الجيش الإسرائيلي.

قدمت بعض الأوساط، بصورة فردية، الكثير من الأفكار والاقتراحات في محاولة لتصويب وإصلاح الوضع الإشكالي، الذي يحياه الجيش الإسرائيلي. ولكن هذه الاقتراحات والأفكار لم تجد طريقها إلى التنفيذ، ولو على اعتبارها حلولاً مؤقتة، مما أدى إلى مزيد من التدهور، وانتهى المطاف بحادثة اختطاف الجنديين في تموز/ يوليو 2006.

جاء الرد العسكري من قبل الجيش، على طول الجبهة الحدودية، على أي خروقات يقوم بها حزب الله، متوافقاً مع ما كان يأتيهم من توصيات من المستوى السياسي، الذي دأب على المطالبة بأن يبقى الرد محكوماً بسقف الاستراتيجية، التي كانت متبعة ما قبل الاختطاف، والمحافظة على هدوء الجبهة، دون إخضاع هذه الاستراتيجية للنقاش، وتوضيح تأثيراتها الكارثية على قدرة الجيش، ومدى استعداده على طول الحدود؛ في وقت كان فيه حزب الله في حالة حضور دائم وتعزيز مستمر لوجوده على طول الحدود. ومع طول إعراض الجيش عن القيام بعملية ميدانية، وعدم استكمال نشر التكنولوجيا العسكرية القتالية في تلك المنطقة، أصبح قيام حزب الله بخطف جنود إسرائيليين، ونجاحه في هذه المهمة، مسألة وقت لا أكثر.

توصية اللجنة: تحذر اللجنة من مغبة استنساخ الوضع القديم الذي يُتّخَذ فيه قرار سياسي – استراتيجي شرعي، صادر عن المستوى السياسي في الدولة، من شأنه

أن "يلجم" الجيش الإسرائيلي، سواء على المستوى التكتيكي أم البعيد المدى؛ كما حدث قبل الحرب، حيث أُجبر الجيش على اتباع سياسة ضبط النفس التي فُرضت عليه، من قبل الحكومات السابقة من خلال وزراء الدفاع فيها.

وفي مقابل ذلك، فإنه يجب على الجيش، مثله مثل باقي الأجهزة والمؤسسات والأجهزة الأمنية الأخرى، على اختلاف مهامها، أن يوضح أمام صناع القرارات طبيعة التأثير العملي للسياسات المتبعة على أدائه، خاصة فيما يتعلق بتمركز قواتنا، وطبيعة الوضع الذي يمر به العدو. وهذا ما يلقي على عاتق الحكومة واجباً آخر، إذ عليها، بحكم الصلاحيات الموكلة إليها، أن تدرس تلك المعطيات التي تصلها بعناية، وتأخذها بعين الاعتبار، وتتعامل معها بشكل أكثر جدية، وتأخذها بالحسبان حينما تتخذ قراراتها السياسية. وأن تأخذ بعين الاعتبار مسألة إعطاء القيادات الميدانية هامشاً للتحرك، على الأقل على المستوى التكتيكي. فقد كان من المفترض أن تتبع الحكومة سياسة تكتيكية حذرة وفعالة في الوقت نفسه على الحدود الشمالية، سواء من ناحية العمليات الميدانية والأسلوب العملياتي أم من ناحية استخدام التقنيات التكنولوجية والاستخباراتية.

خيارات الردّ الإسرائيلي في أعقاب حادث الاختطاف:

في أعقاب الهجوم الذي نفذه حزب الله، ونجاحه في خطف اثنين من جنودنا، قررت الحكومة الإسرائيلية أن ترد بقوة على العناصر التي نفذت العملية، وعلى الرؤوس التي دبرت لها وأرسلت المنفذين؛ فتمت الموافقة على تنفيذ عملية "تغيير الوجهة"، وحددت عدة أهداف لمهاجمتها. لكن قرار الحكومة الإسرائيلية كان يفتقر إلى عدة أشياء، أهمها:

1. الإطار الزمني للعملية العسكرية.
2. تحديد طبيعة الأهداف المرشحة للهجوم عليها.
3. الشروط الواجب توفرها لإنهائها.

وبالرغم من ذلك، وافقت الحكومة على القيام بالعملية بناء على ما وصلها من قبل الجيش من معطيات وتوصيات عسكرية، تكتيكية واستراتيجية. وقد وضعت الحكومة في ذلك الوقت أمام ثلاثة خيارات فيما يتعلق بطبيعة الردّ على عملية حزب الله:

1. **الخيار الأول:** عملية عسكرية محدودة، دون توغل قوات الجيش في الأراضي اللبنانية، ترافقها جهود سياسية ودبلوماسية، في محاولة للتأثير، أو إيصال رسائل إلى سورية، ولبنان، وحزب الله، والدخول في مفاوضات مكثفة مع حزب الله، لتحرير الجنود الأسرى من خلال صفقة تبادل.

2. **الخيار الثاني:** ردّ عسكري فوري مشابه لما ذكر في الخيار الأول، شرط تحضير القوات العسكرية والجبهة الداخلية، للدخول مستقبلاً في مواجهة عسكرية مع حزب الله.

3. **الخيار الثالث:** تنفيذ عملية عسكرية كبيرة، مترافقة مع حملة سياسية كبيرة بشكل فوري.

فيما يتعلق **بالخيار الأول،** فإن الخطوط العامة التي رسمت أمام صانع القرار حين نظر إلى هذا الخيار مشابهة إلى حدّ كبير لطبيعة الردّ الإسرائيلي، في أعقاب خطف الجنود الثلاثة من منطقة جبل دوف في تشرين الأول/ أكتوبر 2000، وبالتالي رأى الساسة أن إسرائيل بإمكانها المضي قدماً في السياسة نفسها، التي درجت عليها منذ سنوات. وقد توقع حزب الله أن تمضي الحكومة الإسرائيلية في هذا الاتجاه منذ أن قرر تنفيذ عملية الاختطاف، حيث توقع أن يكون الرد الإسرائيلي محدوداً، يواجهه ردّ متناسب من حزب الله، بحيث يبقى الوضع القائم على الحدود الشمالية على ما كان عليه قبل اندلاع المواجهة.

وهكذا يتمّ الحفاظ على الهدوء في الشمال لفترة قصيرة من الزمن، وبالتالي فإن استحضار هذا البديل كان من شأنه التأثير في الجوانب التالية:

1. المسّ بقوة الردع الإسرائيلي.
2. إزالة تهديد حزب الله وقوته العسكرية.
3. حرية التحرك العسكري والعمل السياسي، وتحسين الموقف الدبلوماسي.
4. تغيير موازين القوى السائدة بين إسرائيل وحزب الله، لصالح الأولى بالتأكيد.

فقد كان من الممكن الخروج بعملية سريعة قاسية، كالقيام بهجوم جوي مركز على أهداف حزب الله، أو حتى استهداف مواقع سورية، إلى جانب ضرب كل مواقع حزب الله على طول الحدود. وفي الأساس كان المخطط له أن تستمر العملية عدة أيام، دون التورط في عملية برية مؤثرة، مع ضرورة البحث عن "مخرج سياسي" سريع بالتنسيق مع الأمم المتحدة والقوات الدولية.

ولا شك، فإن عملية من هذا النوع -فيما لو وجدت طريقها للتنفيذ- كانت ستقلب السياسة المتبعة منذ سنوات رأساً على عقب، وترسل رسالة ردعية واضحة إلى حزب الله، ومن ورائه سورية. كما كان من الممكن التوصل لاتفاق وقف إطلاق النار بعد مرور عدة أيام من خلال التدخلات الدولية، خصوصاً وأن إسرائيل لم تكن لتدفع أثماناً باهظة في هذه العملية، بل على العكس من ذلك، فإنها كانت ستحقق توازناً ردعياً مع حزب الله.

ولكن كان واضحاً منذ اللحظة الأولى أن ثغرات وسلبيات الخيار الأول كانت أكثر من إيجابياته. وتمثلت الثغرة الجوهرية في الخيار الأول، في عدم معرفة الحكومة الإسرائيلية بمقاتلي حزب الله من الناحية العسكرية، وبالتالي لم تكن هناك أهداف محددة لضربها، مما يعني حتماً بأن حزب الله كان سيستدرج إسرائيل لعملية عسكرية لم تستعد لها جيداً، أو أن يتوقف إطلاق النار بسبب التدخلات الدولية، لكن بعد أن تتعرض الجبهة الداخلية الإسرائيلية في الصميم لضربات مؤلمة. وحتى لو كان بالإمكان تحقيق إنجازات جزئية من عملية قاسية وفق هذا الخيار، ومقابل "ثمن" منخفض نسبياً، لكن ذلك لن يمنع مخاطر تدهور الوضع بصورة غير مرضية، و/ أو فرض حل سياسي ليس مريحاً لإسرائيل.

الخيار الثاني: كان هذا الخيار مبنياً في جوهره على سياسة ضبط النفس، لكنه في الوقت ذاته يستحضر القوات العسكرية، وتهيئة الجبهة الداخلية، والجهاز السياسي، لمواجهة مستقبلية من هذا النوع. وثغرات هذا الخيار هي نفسها ثغرات الخيار الأول، خصوصاً فيما يتعلق بالتبعات والآثار قصيرة المدى للردّ الإسرائيلي. وبالإضافة إلى ما سبق، فإنه من المستبعد أن يُحدث هذا الخيار تغييراً استراتيجياً في الوضع الميداني القائم، الأسوأ من نوعه، بين إسرائيل وحزب الله، وأن يظل الوضع على ما هو عليه إلى وقت غير محدد، في الوقت الذي يستمر فيه حزب الله بتعزيز قواته وزيادتها.

الخيار الثالث: دعا هذا الخيار بصورة واضحة إلى ضرورة موافقة الحكومة على شنّ حرب على حزب الله. وكمنت إيجابية تبني هذا الخيار بعدم توقع الخصم له، وفي قدرته على تقييد قوة حزب الله. حيث كان يتصور بأن ضربة عسكرية قاسية تقضي على منصات صواريخ حزب الله ستشكل الردّ الأنجع على عملية حزب الله. وعلى عكس ما كان عليه وضع إسرائيل عشية خطف جنودها الثلاثة سنة 2000، تحسنت قدرة الدولة على توجيه ضربتها، بفعل المعطيات الجيو-سياسية، الإقليمية والعالمية. علماً بأن خطف الجنديين سنة 2006 جاء

بعد مرور ستة أعوام على انسحاب الجيش الإسرائيلي من جنوب لبنان، وبعد عام ونصف من انسحاب القوات السورية من لبنان. فبعد أحداث 2001/9/11 عملت الولايات المتحدة على تمتين الجبهة العالمية من أجل شنّ الحرب على الإرهاب، تلك الحرب التي أدت بالتضافر مع مستجدات دولية أخرى إلى احتلال أفغانستان والعراق، وممارسة مزيد من الضغط السياسي على سورية وحزب الله في الساحة الدولية.

ومما شجع القيادة الإسرائيلية على تبني الخيار الثالث، المعطيات الاقتصادية التي كانت قائمة في ذلك الوقت، إذ كانت إسرائيل في وضع يتحمل التبعات الاقتصادية المتوقعة لأي مواجهة عسكرية قاسية. خصوصاً وأن فعالية العمل الفلسطيني المسلح[5] في الضفة الغربية[6]، ضعفت إلى حدٍّ كبير. كما أن اختطاف الجندي جلعاد شاليط على حدود غزة، قبل شهر تقريباً من حادثة الاختطاف على الحدود اللبنانية، رفعت من حجم التضامن والتأييد للقيادة الإسرائيلية في موقفها في مواجهة المنظمات المسلحة، وحرب الاستنزاف التي تخوضها. وبالتالي، جاء افتتاح "جبهة ثانية" في لبنان صيف 2006، بناء على معطيات وظروف سياسية جيدة، وكان حجم التأييد الدولي الذي منح لإسرائيل بشكل غير مسبوق، والذي تضمّن جزءاً مهماً من العالم العربي، خلال معظم أيام الحرب، خير دليل على ذلك. كما حظي قرار شنّ عملية عسكرية واسعة، وتوجيه ضربات مؤلمة لا تستثني التجمعات السكانية المدنية، بتأييد واسع في أوساط الجمهور الإسرائيلي. فبالإضافة إلى التغيير الذي كان متوقعاً في طبيعة الوضع الميداني القائم، من ناحية ضرب توازن الرعب التي فرضها حزب الله في مواجهة إسرائيل، فقد كان من المتوقع أيضاً أن توجه العملية العسكرية ضربة قوية ومباشرة لقدرات حزب الله وقوته. وبالتالي، شكل اختيار المبادرة بعملية عسكرية واسعة، ضربة استباقية من قبل إسرائيل، لاستبعاد أي إمكانية لاستدراجها إلى حرب لا ترغبها في أعقاب رد حزب الله، ولذا فإن نجاحها في عمليتها العسكرية كان سيشكل ردعاً قوياً للحزب إلى الأبد، ومن ورائه سورية وإيران أيضاً.

الثغرة الأكثر وضوحاً في هذا الخيار، تمثلت بشنّ معركة عسكرية دون استكمال المعطيات العملياتية، والتحضيرات اللوجستية، وعدم تحضير الجبهة الداخلية، لمواجهة

---

[5] المصطلح الوارد في التقرير يتحدث عن "الإرهاب الفلسطيني"، لذا جاء تغيير المعنى بتصرف من المترجم.

[6] المصطلح الوارد في التقرير يتحدث عن "يهودا والسامرة"، لذا جاء تغيير المعنى بتصرف من المترجم.

متوقعة أمام حزب الله. إذ كان من المفترض بوجود مواجهة عسكرية بين إسرائيل وحزب الله في منطقة جغرافية صغيرة، وعدد محدود من مقاتلي العدو، في إطار حرب شاملة، أن يعطي الجيش الإسرائيلي هامشاً واسعاً للتحرك، بحيث يكون ميزان القوى لصالحه بشكل مؤكد، وتكون اليد العليا في الحرب له.

وبناء على كل ما تقدم، كان الخيار الثالث، هو الخيار الأكثر إغراء لدى صناع القرار في إسرائيل، لتناسبه مع قدرات الجيش الإسرائيلي البشرية، ولأهمية الأهداف التي حددت له، ولتأييد المجتمع الإسرائيلي له. وهكذا، لم يكن هناك مفرّ من شنّ عملية عسكرية سريعة على الفور، بعيد خطف الجنديين. ولكن في نظرة فاحصة، نجد أن الحكومة تبنت خياراً وسطاً بين الخيارين الأول والثالث. فعملياً، شنت القوات الجوية الإسرائيلية ضربات جوية متواصلة، دون أن يترافق ذلك مع تحرك سياسي سريع، ودون أن يتمّ توسيع نطاق المعركة بشكل أساسي، من أجل الانقضاض على حزب الله، وضرب قوته بشكل مباشر.

صحيح أن الجيش الإسرائيلي قام فعلاً بتوجيه ضربات جوية نحو أهداف لحزب الله، لكنه في الوقت نفسه، "فرّط" بوقت ثمين حين تأخر في إقحام القوات البرية في مجريات الحرب. وهذا المعطى بالتحديد، يكشف أن إسرائيل لم يكن لديها خطة عملياتية حربية واضحة وحاسمة، مما صب في مصلحة حزب الله. فقد بدأت العملية العسكرية كـ"مهمة عملياتية"، وانتهت كـ"حرب"، معبرة بصورة مؤسفة عن الغموض والالتباس في تقدير حجم العملية العسكرية وتبعاتها. وقد انعكس هذا الغموض في التأثيرات السلبية التي نتجت عن عدم تحديد أهداف الحرب، وكيفية إنجازها.

وحسب رأي عدد من أعضاء اللجنة: يوسي بيلين، ويسرائيل حسون، وداني ياتوم، فإن الخيار الأول كان الخيار الأفضل والأكثر ملاءمة للردّ على حزب الله. أي أنه كان من المطلوب والضروري أن يتمّ توجيه ضربات جوية مكثفة ومركزة ضدّ أهداف معروفة لحزب الله، بالإضافة إلى توجيه ضربة لأهداف سورية وللبنية التحتية اللبنانية. وهو الخيار الذي كان يدعو للقيام بعملية عسكرية برية في جنوب لبنان، تترافق مع تحرك "سياسي سريع"، بالتنسيق مع الأمم المتحدة وحكومة لبنان. ومن وجهة نظر أصحاب هذا الخيار، فإن خطوة كهذه كانت ستحقق إنجازات سياسية وعسكرية ذات قيمة كبيرة، دون أن نتكبد خسائر بشرية من قتلى وجرحى، وذلك عبر اختصار مدة الحرب، وحماية الجبهة الداخلية من أي ضرر.

خطط ومبادئ عملياتية:

خطط تنفيذية:

وافقت الحكومة رسمياً على خطة "حماية البلاد" من أي تصعيد متوقع من قبل حزب الله، في ذروة اندلاع الحرب، لكن هذا القرار لم يكن ذا جدوى، لأنه لم يتمّ اتخاذه بناء على معطيات ميدانية أحدثت تغييرات جوهرية في مسار المعركة.

فمنذ خروج الجيش الإسرائيلي من لبنان، وتمركزه على الحدود الدولية في أيار/ مايو 2000، وخروج الجيش السوري سنة 2005، تعاظمت قوة حزب الله، ولا سيّما من الناحية العسكرية، وأصبحت صواريخه قادرة على الوصول إلى أهداف أبعد، كما ازدادت قدرته على خطف جنود الجيش من المنطقة الحدودية. فأدى كل ذلك، بصورة أو بأخرى، إلى تحويل المنطقة الحدودية إلى منطقة أكثر خطورة عما كانت عليه، ورفع من احتمالات المواجهة بين الطرفين. كما أدت هذه التغييرات إلى فرض واقع ومعطيات استراتيجية جديدة، ولا سيّما على الجبهة الشمالية، مما تطلب إعادة تقييم للوضع من جديد، قبل القيام بأي خطوة. وبناء على ذلك، يمكن القول بأن الجيش الإسرائيلي دخل في حرب كبيرة دون التحضير الكامل لها، إذ لم يتوقع أن تتطور الأمور إلى هذه الدرجة، وأن يدخل في مواجهة مع حزب الله، أو مع لبنان كدولة.

وخلال مناورات عسكرية أجريت في حزيران/ يونيو 2004 في ضوء تحذيرات من إمكانية حدوث تصعيد في الجبهة الشمالية، كان هناك توقعات بأن تتضرر الجبهة الداخلية بشكل كبير. في ذلك الوقت تمّ التركيز على تدريب سلاح الجو، على حساب القطاعات البرية الميدانية، إذ لم يتمّ استخدام وسائل قتالية على نطاق واسع، ولم يتمّ تكليف قوات المشاة بمهام واضحة، يتمّ تقديرها من قبل الجهات المختصة. في المقابل، فإن التدريب المسمى "عناق الأذرع" الذي أقيم عشية اندلاع الحرب، كشف عن أن النظريات العسكرية المختلفة التي تبلورت من قبل أجهزة الجيش الإسرائيلي –على الورق– كوسائل حماية وقت الحرب، لم تكن جاهزة بعد لتطبيقها عملياً خلال الحرب الحقيقية. هذه الثغرات التي تكشفت، جعلت القيادات العسكرية تتوصل إلى قناعة مفادها أنه لا بد من القيام بعملية عسكرية برية من أجل وقف استهداف الجبهة الداخلية في إسرائيل بصواريخ الـ"كاتيوشا"، وتوجيه ضربة حقيقية لقوة حزب الله العسكرية.

وقد شكل افتقاد الحكومة والجيش لخطة هجومية موافق عليها ومحدثة بالصورة اللازمة لمواكبة التغيرات المذكورة آنفاً، ووجود نقص في إعداد القوات العسكرية وعدم تأهيلها بالشكل المناسب، بالإضافة إلى النقص الذي تحدثت عنه عدة جهات في الوسائل القتالية، والعيوب التي أصابت بعض الأذرع القيادية، ثغرات خطيرة لدى قيادة المنطقة الشمالية في الجيش، والهيئة العامة لرئاسة الأركان. أما الثغرة الأكبر والأكثر وضوحاً وخطورة، فهي أنه على الرغم من أن المواجهة مع حزب الله على الجبهة كانت متوقعة أكثر من أي وقت مضى، فإنه لم يكن هناك استعداد كافٍ لها. وقد تكشف هذا الأمر عملياً، من خلال طبيعة القوات العسكرية المشاركة في مجريات الحرب، وافتقار قيادة الجيش في مستوياتها العليا، التي أدارت المعركة، إلى المنطق العملياتي الواضح والقابل للتطبيق.

النظرة الاستراتيجية:

النظرة الاستراتيجية التي تمّ تقديرها لدى الجيش الإسرائيلي بعد اختطاف الجنديين، وتمّ قبولها لدى الحكومة، قضت بضرورة أن تؤدي الفرضيات التي طرحتها هيئة الأركان العامة، لتحقيق أهداف ذات قيمة عليا، يمكن الوصول إليها عن طريق عملية عسكرية فعالة بصورة كبيرة.

افترض التقدير الاستراتيجي الذي قدمه الجيش الإسرائيلي للحكومة بعد اختطاف الجنديين، ولاقى قبولاً من طرفها، بأنه يمكن تحقيق أهداف ذات قيمة عليا عن طريق عملية عسكرية فعالة. إلا أن التطبيق العملي الميداني على أرض الواقع للنظريات الاستراتيجية الجديدة التي تبناها الجيش الإسرائيلي في السنوات الأخيرة، وأحدثت تغييرات جوهرياً في التفكير الاستراتيجي، كشف عن ثغرات وعيوب هذه الاستراتيجية النظرية، وكشف عن هوة كبيرة تفصل النظرية عن الواقع. فجزء أساسي من هذه النظرية الاستراتيجية الجديدة متداخل، ومرتبط بشكل كبير بالتطورات السياسية، ولا يدخل في صلب الاستراتيجية العسكرية. ومن ذلك على سبيل المثال، أن النظرية الاستراتيجية الجديدة كانت تهدف إلى وضع سياسة جديدة بالتنسيق مع لبنان، وإلى تفعيل الجهود الدبلوماسية الدولية، لدفع الحكومة اللبنانية لممارسة سيادتها على مناطق الجنوب.

ومع ذلك، فليس بالإمكان فصل أي جانب عسكري عن هذه السياسات، ومنها مثلاً :

1. ممارسة ضغط عسكري على حزب الله لاستعادة الجنود المخطوفين.

2. الحيلولة دون التدخل الإيراني.

3. تقليص التورط في الجبهة الفلسطينية.

4. تعميق قوة الردع الإسرائيلية.

5. إخراج سورية من اللعبة.

قلة من القيادات في مستويات صنع القرار كانت تعتقد بأن عملية عسكرية "نظيفة" يمكنها أن تنجح في توجيه ضربة في الصميم إلى قدرات حزب الله؛ إذ كانت ترى أن الشغل الشاغل للجيش الإسرائيلي، كجهاز تنفيذي عملياتي، يجب أن يتركز أولاً وأخيراً في المجال الاستراتيجي العسكري، بما في ذلك الارتقاء بالتفكير العسكري إلى أعلى المستويات، ولذلك فإن محاولة الجيش الدخول إلى مجالات غير عسكرية، أسهمت بصورة أو بأخرى في الانتقاص من فعالية عملياته العسكرية في حرب لبنان الثانية.

أما عن تحقيق **"النظرة الاستراتيجية العسكرية"**، وفي مستوى تنفيذها الأكثر فعالية، لخدمة الأهداف التي وضعها المستوى السياسي أمام الجيش، فليس بمقدور الجسم ذاته القيام بتنفيذ تلك الأهداف الاستراتيجية، بل يجب أن يكون ذلك مهمة المستوى السياسي المشرف على الجيش أولاً وأخيراً، الأمر الذي يفتح من جديد السجال الساخن والمتجدد بين الصلاحيات والمسؤوليات، بين المستويين العسكري والسياسي.

وللعلم فإن تحقيق النظرة الاستراتيجية المشار إليها يقف على مسافة وسطى بين العملين العسكري والسياسي، ووضع كهذا يشير إلى الطبيعة المركبة للحرب، وبعض أوجهها اللاعسكرية، كما أن الوجه العسكري لتحقيق تلك النظرة ليس سهلاً كما يتوقع البعض.

وبغض النظر عما ورد، فإن طبيعة المعارك التي دارت في الحرب الأخيرة، والتي كانت خططها مستمدة من الرؤية الأمنية الاستراتيجية، كشفت أن هناك عيوباً وثغرات في التقدير الاستراتيجي العسكري، أو ما أطلق عليه "النظرة الاستراتيجية"، إذ فشل الجيش الإسرائيلي في تحقيق الأهداف التي شنت الحرب من أجلها، ومنها:

1. إضعاف قدرة حزب الله على تنفيذ عمليات هجومية.

2. إبطال التهديد الصاروخي على الجبهة الإسرائيلية.

3. تقصير مدة الحرب قدر الإمكان بالوصول إلى مرحلة الحسم.

وفضلاً عما سبق، فإن غياب التصور الواضح لدى المستوى السياسي، انعكس ارتباكاً وبلبلة وغموضاً في أوساط الجيش الذي كان ينفذ عملياته الهجومية، وهو ما تبين واضحاً في غرفة القيادة العامة لهيئة الأركان.

ويعود الأمر في ذلك، إلى كون النظرة الاستراتيجية قد ترجمت بصورة "مجتزأة" إلى فكرة عسكرية قتالية، غير محددة الأولويات، وقد بدا ذلك واضحاً من خلال غياب الجدول الزمني لمراحل المعركة، لا سيّما بعد أن قضت الحرب أيامها الأولى. كما تبدى ذلك في الغموض الذي شاب التعليمات الميدانية، إذ لم يكن هناك تعليمات واضحة بأن الهدف هو ضرب منصات إطلاق الصواريخ التابعة لحزب الله. فقد استخدمت مصطلحات مبهمة من قبيل "تشويش" و"عرقلة" وغيرها في بداية الحرب، ولم تصدر التعليمات الواضحة بضرب منصات إطلاق الصواريخ إلا في الثامن من آب/أغسطس.

وبكلمات أخرى، فإن هدف وقف تهديد حزب الله، للجبهة الإسرائيلية الداخلية، كان يجب أن يعلن بوضوح منذ البداية، وأن يكون على رأس أولويات النظرة الاستراتيجية، وأهدافها العسكرية. ولو أن ذلك تحقق منذ البداية لكان هناك اختلاف جذري في طريقة إدارة المعركة.

آلية العمل:

خلال السنوات العشر الأخيرة، انشغل الجيش الإسرائيلي بوضع آلية عمل جديدة تواكب التغييرات الأساسية التي طرأت على طبيعة المواجهات التي خاضها، سواء من ناحية الوسائل القتالية، أم من ناحية خطط التحرك، أم من ناحية البيئة الجيو-استراتيجية الإسرائيلية الجديدة. كما تضع تصوراً جديداً لطبيعة أداء الجيش في حالات المواجهات العسكرية المختلفة، وخصوصاً فيما يتعلق بـ"المواجهات المحدودة". إضافة لذلك، كان هناك مبرر مهم دفع الجيش لانتهاج آلية عمل جديدة، وهو اختلاف صورة "الخصم"، وطبيعة تفكيره، الأمر الذي حتم ضرورة إجراء تغيير ما في التخطيط العسكري لمراحل الحرب المختلفة: إعداداً، وتخطيطاً، وقيادةً، ووضع أفكار جديدة تتناسب مع المعطيات الجديدة. وقبل ثلاثة أشهر فقط من اندلاع الحرب، صادق رئيس هيئة الأركان العامة على

المنهجية الجديدة، وأصدر تعليماته لقادة الجيش وجنرالاته بتنفيذها على أرض الواقع، بعد أن أخذت نقاشاً مستفيضاً في أروقة الجيش بصورة عملية، بدءاً بقادة هيئة الأركان العامة، ووصولاً لمختلف المستويات العسكرية الميدانية التنفيذية.

وقد دعت آلية العمل الجديدة إلى التعامل مع العدو بطريقة "مركبة"، مما يعني أن الوصول لمرحلة الحسم قد يتطلب أكثر من مواجهته برياً وبصورة مباشرة. وإلى جانب ذلك، اقترحت الطريقة تشخيص نقاط الضعف لدى العدو ووسائله القتالية، وتفعيل نيران مضادة في وقت محدد سواء من خلال سلاح الجو، أم من خلال الاستعانة بقوات برية منتشرة، مما يعني أن تطبيق هذه النظرية سيؤدي حتماً، ودون أدنى شك إلى تدمير الإمكانات الاستراتيجية للعدو.

وفيما يتعلق بالتدريب البري، توصي الآلية الجديدة بضرورة تقليص مساحة التحرك الميداني البري، انطلاقاً من قناعة مفادها أن الحسم العسكري لا يأتي بالضرورة باحتلال الأراضي. وهي قناعة تمّ التوصل إليها في ضوء النتائج الميدانية الأخيرة، التي استنتجت وجود تهديدات جديدة تتعلق بوحدات الكوماندوز خاصة، والتي استشعرت زيادة فاعلية العامل السياسي. كما أنها تولي أهمية فائقة لتفعيل الوسائل القتالية التكنولوجية كبديل عن العمل الميداني البري. وقد أُوليت هذه المنهجية الجديدة أهمية كبيرة في التفكير العسكري للجيش الإسرائيلي، لا سيّما في الجانب المتعلق بالمعايير القتالية الأساسية، بعد أن أثبتت جدارتها خلال الحروب الماضية، واستطاعت أن تكشف عن طبيعة الأخطاء القيادية التي ارتكبها الجيش في معاركه المختلفة، وأثرت بصورة واضحة على فعالية عملياته.

وتوضح الأمثلة التالية مدى تأثر التفكير العسكري الإسرائيلي بهذه المنهجية الجديدة خلال الحرب الأخيرة:

1. استخدام مفردات المنهجية الجديدة في النقاشات العسكرية التي دارت على مستويات مختلفة، استراتيجية وتكتيكية؛ خصوصاً وأن أوساط عديدة في الجيش الإسرائيلي استنتجت أن اتباع الجيش منهجية تقليدية في المعركة، تسبب بسوء فهم لمعطيات المعركة، وأدى إلى الفشل والخيبة.

2. انشغل عدد من الأوساط العسكرية في تقدير طبيعة النظرة الاستراتيجية، والأفكار

العملياتية، إلا أن تلك الأوساط لم تُجرِ نقاشات منهجية منظمة، ولم تقدم تقديراً لطبيعة الظرف الميداني تحسباً لحالة طوارئ مفترضة، سواء فيما يتعلق بحجم تأهيل قواتنا، أم من جهة وضوح البيئة العسكرية، والتراتبية القيادية. فمعظم النقاشات التي جرت لتقدير الوضع الميداني، لم تحدد أهدافاً عسكرية واضحة، ولم تنجح في الوصول إلى خلاصات غير قابلة للتحقق، لأنه في حالة استمرار الوضع في التدهور دون إجراء حساب آني، فإن ذلك يعني تواصل نيران حزب الله تجاه الجبهة الإسرائيلية، وهذا ما تمّ فعلاً. وبالتالي، فإن استمرار هذا الوضع دون تغيير خلال فترة زمنية طويلة هو بالدرجة الأولى، وأولاً وأخيراً، فشل ذريع مصدره قيادة الأركان!.

3. الانشغال التفصيلي المصحوب بضغط الوقت في تقييم مدى فعالية المعركة وأفكارها النظرية، كان بمثابة إطلاق نار على معظم المفاهيم التي أنشئ الجيش الإسرائيلي على أساسها منذ البداية، وأدى ذلك إلى إهمال الحاجة لإعداد القوات المناسبة، الأمر الذي انعكس على شكل شلل ميداني أمام قدرات العدو على نشر صواريخه ومنصاتها على طول المناطق الحدودية. وبالتالي فإن فكرة "السيطرة الجوية" التي تقلص قدرات العدو في إطلاق قذائفه، أو الوصول معه لمرحلة الحسم عبر تفعيل النيران المضادة، صاحبت الجيش الإسرائيلي طوال معاركه السابقة. كما قويت فكرة عدم اللجوء للعمليات البرية، بسبب الخشية من تهديدات متوقعة، فضلاً عن القيود التي يمكن أن تشكل عائقاً أمام انطلاقها، تكتيكياً وقتالياً وسياسياً.

4. كان القرار الإسرائيلي بعدم ضرب البنية التحتية المدنية في لبنان، والذي كان يمكن أن يشكل ورقة ضغط على حزب الله والحكومة اللبنانية، بحاجة إلى المزيد من الدرس والتمحيص على مختلف مستويات صناعة القرار. ويمكن القول بأن التمسك باستراتيجية عسكرية وعدم الحياد عنها، في سبيل تحقيق أهداف عليا، إنما يعبر عن عجز الجيش الإسرائيلي عن وقف تهديد صورايخ حزب الله، ويشير إلى ما يمكن وصفه بـ"جموح" في التفكير، وينذر بفشل ذريع في التخطيط لمعارك مستقبلية.

5. وضع الجيش الإسرائيلي استراتيجية تتناسب مع استراتيجية حزب الله، تقوم أساساً على إدارة المعركة عبر قوات عسكرية، محدودة، دون الاضطرار لخوض معارك حاسمة على صعيد الجبهة البرية التي تتطلب حشد قوات كبيرة. وقد استطاع الجيش

تنفيذ هذه الاستراتيجية، بصورة أو بأخرى، من خلال وسائل وآليات عديدة. وقد دلّ سجل الحروب المختلفة التي دارت على مرّ السنين أن المعارك قد تجري في كثير من الأحيان وفق شروط وأساليب العدو. ولذلك يمكن القول بأن الاستراتيجية التي اعتمدها الجيش الإسرائيلي أدت إلى تقوية حزب الله.

6. كشف تضارب الأقوال والآراء خلال الحرب، بصورة مثيرة، عن الخلافات بين رئاسة الهيئة العامة للأركان، وقيادة المنطقة الشمالية.

وفي ظلّ افتقار القيادة العسكرية لخطة عملياتية ميدانية ملائمة تنفذ من خلالها خطتها الاستراتيجية، كان الجيش الإسرائيلي يتحرك بطريقة عبثية، وبقوات عسكرية قليلة غير مؤثرة، في ظلّ مطالبة الهيئة العامة للأركان والقيادة الشمالية لحظة اندلاع الحرب، بضرورة تفعيل قوات "لوائية"، والتي صرحت بالموافقة على تشغيلها عشية انتهاء الحرب.

توصيات اللجنة: كان يمكن للخطة أو النظرة العسكرية الاستراتيجية أن تأتي بنتائج إيجابية لو أنها وجهت لتحقيق إنجازات ذات قيمة. لكن ما حصل خلال حرب لبنان الثانية يشير إلى أن هذه النظرة الاستراتيجية أضيف إليها بعض التعقيدات، وطلب منها تحقيق أهداف لم تكن موضوعة سلفاً مع بداية الحرب، ولم تكن على صلة أصلاً بهذه النظرة. أضف إلى ذلك، فإن هذه النظرة كان ينبغي إقرارها في الحكومة، بالتنسيق بين المستويين السياسي والأمني، ممثلاً بمجلس الأمن القومي، ويتمّ إرسالها للأجهزة ذات الصلة: الجيش الإسرائيلي، ووزارة الخارجية وغيرها، ويتمّ استخدامها لتحقيق أهداف سياسية وعسكرية.

وبالنظر لطبيعة الأهداف التي سعت الرؤية الاستراتيجية لتحقيقها عبر عملية عسكرية، يمكن الافتراض بأنه كان بالإمكان تحقيق تلك الأهداف دون اللجوء إلى الطريقة العسكرية التي اتبعت، ذلك أن التقييم السياسي والدبلوماسي لا يجب أن يمرّ بالضرورة عبر الوسيلة العسكرية، وهو الأمر الملقى على عاتق المستوى القيادي الرفيع في قيادة الجيش، والذي يجب أن يوفر الشروط والظروف الملائمة للتأثير إيجابياً على قرار العملية العسكرية، وأن يقترح طرق عمل وأهداف عسكرية مختلفة بالتناغم مع تلك الشروط.

ويمكن التأكد من طبيعة الأهداف والتعليمات الفعالة للرؤية الاستراتيجية بصورة واضحة، عبر تأسيس العمل وفق قواعد عسكرية معروفة، وبالمعايير ذاتها التي طبقت وفقها النظرية الأمنية الإسرائيلية، ومنها العمل على نقل ميدان المعركة لأرض العدو، عبر حسم سريع، وإزالة التهديدات الوافدة تجاهه.

وهنا يجب الاعتراف أن هناك انحرافاً واستخداماً غير مجدٍ، ولغة غير مناسبة خاصة بالأهداف الاستراتيجية والفعالة العليا، التي يطلب تنفيذها من قبل مستويات منخفضة، مما يتطلب العمل بسرعة لمنع الوصول لهذا الوضع مجدداً. وبالتالي يجب أن تتمتع تلك الأهداف، التكتيكية منها والفعالة، بالوضوح والحدة في آن واحد.

وهنا، من الضرورة البحث من جديد في طبيعة الرؤية العسكرية التي ينطلق من خلالها الجيش في عملياته العسكرية، سواءً ما يتعلق منها بـ: مبادئ القتال، أم بالمعطيات الجيو–استراتيجية المواتية لإسرائيل، أم بالنظرية الأمنية.

وبالتالي من الممكن تناول الرؤية بحذر وعقلانية، وإضافة ما يراه صناع القرار مناسباً من أجزاء جديدة مستحدثة، خاصة في ضوء تغير الواقع العسكري الميداني الذي يؤثر على المواجهات الحربية، ويتطلب تجديداً في طرق القتال وأساليبه بما يتلاءم مع تلك المستجدات.

وهنا تجب العودة مجدداً لمحتوى النقاش العسكري الدائر، وما تتناوله من طبيعة التعامل مع قدرات العدو وكيفية تفعيلها، ولذا من المفضل في مرات قادمة توظيف القدرات العسكرية، وتركيز النقاط المؤثرة فيها باتجاه الضغط على قدرات العدو، التي لا نملك أياً من الإمكانية للسيطرة عليها، أو الحدّ منها.

كما أصبح من الضرورة إعادة تفعيل العمليات الميدانية في ساعات الطوارئ لدى قيادة الأركان، والقيادات العليا، والوحدات الميدانية، والألوية المنتظمة في الخدمة العسكرية، وتنشيط النقاشات الخاصة بإعادة تقدير الوضع، وانتظار تلقي التعليمات.

وهنا يبدو عامل السرعة مهماً أكثر من أي وقت مضى، في ضرورة تقدير حجم الردّ العسكري للجيش الإسرائيلي، سواء بعملية عسكرية أم بحرب نظامية، وتقدير

طبيعة الآثار الحيوية والتنظيمية والقيادية الخاصة بمعارك الجيش.

كما يبدو ضرورة التأكد من جاهزية الخطط العسكرية أمراً ملحاً، في ضوء إمكانية قيام حرب بظروف ومعطيات في أي جبهة قد يجبر الجيش على خوضها. وبالتالي يجب الاعتناء جيداً بتأهيل القوات، وتسليحها، وتدريبها، بالتنسيق حسب ما تتطلب تلك الخطط، كشرط أساسي لتنفيذ الرؤية العسكرية التي سبق الحديث عنها.

إدارة المعركة:

المرحلة الأولى للمعركة:

بات معلوماً أن الحكومة الإسرائيلية لم تحدد أهدافاً استراتيجية واضحة لحظة اتخاذها قرار الخروج للعملية العسكرية، المسماة "تغيير الوجهة"، مساء الأربعاء الموافق 12/7/2006، ومع ذلك، أعلن رئيس الحكومة أمام الكنيست في 17/7/2006 أن العملية العسكرية ستستمر حتى تحقيق الأهداف التالية:

1. إعادة الجنود المخطوفين.
2. فرض وقف شامل لإطلاق النار.
3. نشر قوات الجيش اللبناني على طول الحدود الجنوبية.
4. إخراج حزب الله من تلك المنطقة عبر تنفيذ القرار الدولي رقم 1559.

وكانت الخطة العسكرية تقوم بشكل أساسي على تفعيل النيران المضادة، وخصوصاً عبر القصف الجوي، واستهداف مستودعات أسلحة حزب الله. في حين، رفض رئيس هيئة الأركان أي طرح يدعو إلى تنفيذ عملية برية. وخلال تلك المرحلة، لم تبذل أي جهود تذكر على صعيد إعادة تأهيل جنود الاحتياط وإعدادهم إعداداً جيداً للمعركة، استعداداً لخوض معركة برية، ولم يقدم للحكومة أي اقتراح بهذا الخصوص.

وحتى 17 تموز/ يوليو كانت المعركة تدار من الجو، حيث قام الطيران الحربي الإسرائيلي بضرب أهداف ومواقع متفق عليها سلفاً، كما تمّ تنفيذ عمليات برية محدودة ومركزة في المنطقة المحاذية تماماً للحدود اللبنانية الإسرائيلية، بهدف "تطهير" مواقع حزب الله المشرفة على المناطق الإسرائيلية، وطلب من قيادة المنطقة الشمالية تحديد مدى إطلاق النيران بحدود معينة. هذه القيود لم تمكن القيادة العسكرية من توسيع عملياتها الحربية،

مما أدى إلى إطالة الفترة المحددة لتدمير مواقع حزب الله وقواعده العسكرية، واستمرارها حتى نهاية الحرب.

المرحلة الثانية من المعركة:

وابتداء من 17 تموز/ يوليو، حصل توسيع واضح في قيادة المنطقة الشمالية، حتى لو لم يكن هذا الأمر تغييراً ذا قيمة في التفكير العسكري، حيث اقتصر العمل العسكري على النيران الجوية، وتنفيذ العمليات في المناطق الملاصقة للحدود، وبعض العمليات الخاصة.

ومع مرور الوقت، أصبح واضحاً أن اجتياز القطاع الحدودي صار مسألة معلقة بين قيادة المنطقة الشمالية وقيادة سلاح الجو، بحيث جاءت القيود على عمل القيادة الشمالية لتحبط أي جهد حثيث من شأنه وقف القذائف الصاروخية، حتى تلك قصيرة المدى.

خلال هذه المرحلة التي استمرت عشرة أيام، ترسخت الفجوة القائمة بين رئاسة الأركان والقيادة الشمالية في النظر إلى طبيعة المعركة، حيث بقي الطرف الأول متوجساً من تنفيذ عملية عسكرية كبيرة، وراغباً في الاقتصار على بعض العمليات المحدودة التي استهدفت القضاء على مقاتلي حزب الله، وإمكانية أسر عدد منهم، والتأثير على طبيعة تفكيره العسكري والمسّ برموزه، فيما رأى الطرف الثاني أن هذه العمليات المحدودة، من شأنها أن تهيئ الأجواء والظروف الميدانية لعملية هجومية أوسع في المستقبل.

الواقع الميداني يقول إن العمليات البرية المحدودة، التي نفذها الجيش بناء على تكليف من قيادة الأركان، لم توجه أساساً إلى الجهاز العملياتي لحزب الله، ولم تؤثر عليه، حتى إنها لم تستطع تقليص إطلاق القذائف الصاروخية. في حين لم تتمكن هذه العمليات من تحقيق ولو بعض الأهداف الجزئية كالقضاء على بعض مقاتلي حزب الله، أو ضرب منصات الصواريخ بعيدة المدى، بل إن حزب الله تلاعب بقوة الجيش أمام تواصل إطلاق القذائف الصاروخية؛ ولم يتمكن الجيش الإسرائيلي من استهداف القيادات العليا في حزب الله. وبالتالي فإن الطلعات المستمرة لسلاح الجو الإسرائيلي في الأجواء، سرعان ما تقلصت بعد فشلها في تحقيق أهدافها.

أكثر من ذلك، فقد اعترى عمل قيادة الأركان والمنطقة الشمالية ومختلف الوحدات العسكرية إرباك واضح في تحديد الجدول الزمني لتنفيذ المهام القتالية، وكشف عن فجوات كبيرة في آليات اتخاذ القرارات الموجهة للقوات الميدانية لتنفيذ مهام مختلفة.

من الجدير بالذكر، أنه في 17 تموز/ يوليو أصدرت الحكومة تعليماتها للجيش بالعمل على "وقف إطلاق الصواريخ على التجمعات السكانية والأهداف الإسرائيلية، وإزالة التهديد كلياً". مما يعني أن الجيش لم يختر من تلقاء نفسه طريقة العمل التي تمكنه من إزاحة تهديد القذائف الصاروخية قصيرة المدى، كما أنه أخفق في الامتثال لقرار الحكومة بتنفيذ المهام الموكلة إليه.

المرحلة الثالثة من المعركة:

في ضوء تلك المعطيات، وصلت قيادة الجيش إلى قناعة مفادها أنه من أجل وقف تام لإطلاق القذائف الصاروخية، لا بدّ من القيام بعملية عسكرية برية واسعة. وبالتالي بدأت المرحلة الثالثة من المعركة بدءاً من تاريخ 27 تموز/ يوليو، واستمرت حتى اليوم الأخير لانتهاء الحرب يوم 14 آب/ أغسطس، في ظلّ انعدام الثقة، وفقدان القدرة على القيام بتنفيذ هذه المهمة في الجنوب اللبناني، سواء من الناحية السياسية أم من الناحية العسكرية.

في أول هذه المرحلة أبدى رئيس الحكومة معارضة حاسمة لأي عملية عسكرية برية، انطلاقاً من حجم الخسائر البشرية العالية التي قد يضطر الجيش لدفعها، وما قد يتبعها من إعاقة لصيرورة الحياة الإسرائيلية، مقابل ما قد تحققه من إنجازات متواضعة.

وفي السابع من آب/ أغسطس وصل رئيس الحكومة لقناعة مفادها أن قدرته على وقف إطلاق القذائف الصاروخية تجاه إسرائيل، هي التي ستحدد النتيجة النهائية للحرب، سلبية كانت أم إيجابية. وبالتالي، بدأ التحضير للعملية البرية بدءاً من التاسع من آب/ أغسطس، مع اعتراف جميع الجهات بضرورة العمل وفق جدول زمني لا يتعارض مع الجهود السياسية المبذولة. وبدأ تجنيد عدد من وحدات الاحتياط مع بداية هذه المرحلة، واقترحت هيئة الأركان قبل أسبوعين من سريان وقف إطلاق النار خطة عسكرية، تقضي بالسيطرة العسكرية الميدانية على جنوب الليطاني. ويذكر في هذا المجال أن استدعاء وحدات عسكرية من الاحتياط كان بناء على توصية رفعتها لجنة الخارجية والأمن لرئيس الحكومة ووزير الدفاع.

في الثامن من آب/ أغسطس، وبعد القرار الحكومي بشنّ عملية برية واسعة، حدد الهدف العسكري بوضوح: وَقْف صواريخ حزب الله. ولكن عدداً من المعطيات أثر تأثيراً سلبياً

كبيراً على عنصر المفاجأة عند الجيش الإسرائيلي؛ مما أدى إلى ضرب العملية العسكرية في الصميم، وحال دون قدرتها على إحداث تغيير في مسار المعركة. وبالتالي، فشل الجيش الإسرائيلي في الوصول لمرحلة تطبيق التعليمات الميدانية، وفي ضرب قدرات حزب الله، وفي وقف إطلاق القذائف الصاروخية باتجاه إسرائيل. ومع ذلك، أثرت العملية البرية بصورة كبيرة على القرار الدولي الذي اتخذه مجلس الأمن الدولي، وساعدت العملية على تحسين بنود ذلك القرار، خدمة للمصالح الإسرائيلية.

سلاح الجو:

كان سلاح الجو الجهاز الأكثر فعالية خلال حرب لبنان الثانية، إذ استطاع توجيه ضربات قاسية وإصابة أهداف دقيقة. وعمل سلاح الجو على تنفيذ مهمة في غاية الدقة في مساحة ضيقة نسبياً. وبخلاف الحروب السابقة، قام سلاح الجو بمهام ذات قيمة كبيرة خلافاً لمهامه الكلاسيكية التي اعتاد القيام بها، والتي تتمثل بالحفاظ على التفوق الجوي، وحماية سماء إسرائيل، وحماية ومساندة القوات البرية. وإضافة لما تقدم، أنيط بسلاح الجو تنفيذ مهام أكثر تعقيداً، وفق معطيات أكثر صعوبة، وفاق العدد الإجمالي للطلعات الجوية التي قامت بها الطائرات الحربية والقتالية خلال هذه الحرب، عدد الطلعات الجوية التي تمّت خلال حرب يوم الغفران سنة 1973.

وفي نطاق الأهداف المتوسطة والبعيدة المدى، يمكن القول إن سلاح الجو نجح في إصابة معظم منصات إطلاق الصواريخ. حيث شهدت الأيام الأولى للمعركة تدمير عشرات منصات إطلاق صواريخ "فجر"، كما استخدمت تقنية فعالة في العثور على منصات الصواريخ وتدميرها، أو على الأقل تعقبها لتدميرها. وقد تمكن سلاح الجو الإسرائيلي من تدمير نسبة كبيرة منها، بالإضافة إلى تدمير نسبة محدودة من منصات إطلاق الصواريخ قصيرة المدى. وأظهر عناصر سلاح الجو كفاءة عالية في أداء المهمات الموكلة إليهم، والتي تتمثل في مساندة القوات البرية، وإخلاء الجرحى من ساحة المعركة، وإيصال التموين اللازم للمقاتلين على أرض العدو.

نجح سلاح الجو، لا سيّما في قاعدته الأساسية شمال البلاد، في تشكيل ساحة لتنفيذ مهام عسكرية تتمتع باستعداد فائق، ومكان مناسب وملائم لانتشار مزيد من القوات

خارج قواعدها العسكرية، وأثبت نجاحاً منقطع النظير، لا سيّما من خلال تشغيله لمختلف قطعه الجوية التي عملت فوق أرض العدو بسرعة وكثافة.

وعلى الرغم من الانتشار الكبير لخلايا حزب الله المقاتلة في الميدان، والمصحوبة بالصواريخ والقذائف، ومنها صواريخ الكتف، فقد تبين لاحقاً أن عدداً قليلاً من الوسائل القتالية الإسرائيلية والطيارين قد أصيبوا خلال الحرب.

القوات الخاصة:

خلال الحروب الماضية، لم يتمّ تفعيل القوات الخاصة في الجيش الإسرائيلي بالتنسيق مع الترتيبات النظامية والتخطيط المسبق، حيث اقتصر جوهر عملها على توسط العمل بين الحروب النظامية والعمليات الموضعية.

وخلال السنوات الأخيرة جنت إسرائيل فوائد جمة من وراء تفعيلها لهذه القوات، لا سيّما عبر خوضها للمواجهات العسكرية المحدودة مع الفلسطينيين في الضفة الغربية وقطاع غزة، بحيث فتحت عهداً جديداً من العمل في هذا المجال. وفي حرب لبنان الثانية تمّ العمل بصورة غير مسبوقة في هذه القوات، بجانب العمل الطبيعي للحرب الكاملة الدائرة هناك.

توصيات اللجنة: يستند خصوم إسرائيل، دولاً كانوا أم منظمات إلى بناء تنظيمي داخلي قوي، بحيث تدير الحروب مجموعة صغيرة من القيادات تمتلك مخزوناً هائلاً من المعلومات، وتتمتع بالقدرة على اتخاذ قرارات حاسمة في اللحظات الحرجة. وغالباً ما يديرون المعارك العسكرية محتمين بالأوساط المدنية. وهذا ما يحتم على الجيش الإسرائيلي والقوى الأمنية استخدام مختلف أنواع الأسلحة والاستراتيجيات الملائمة لمواجهتهم، خصوصاً وأن حرب لبنان الثانية، قد أثبتت بما لا يدع مجالاً للشك أنه لا يمكن إخضاع العدو من خلال الحرب وحدها. ومن ناحية أخرى، فإن القوات الخاصة لا يمكن أن تكون وحدها في قلب الاستراتيجية العسكرية للجيش الإسرائيلي، خصوصاً وأن طبيعة مهامها هي طبيعة تكميلية، إذ من المفترض أن يكون الجهد العسكري الأساسي من مهام سلاح البر، الذي يناط به تحقيق أهداف المعركة الحربية.

البناء والتنظيم:

عانى الجيش الإسرائيلي عند إنشائه من وجود ثغرات أساسية غير مقبولة في العديد من الجيوش الحديثة في العالم. ثم تبلور بناؤه التنظيمي وترسخ بعد سنوات على إقامته، وأثبت جدارته على مدار سنوات طويلة، استطاع خلالها أن يثبت تفوقه أمام سلسلة من التهديدات المختلفة، وانتصاراته المتلاحقة في حروبه الماضية.

في السنوات الأخيرة، خاصة مع بداية العقد الأخير، أُدخل على الجيش بعض التغييرات البنيوية والتنظيمية، كان جزء منها ضرورياً، وذا أهمية قصوى، فيما تمّ تبني التغييرات تطبيقاً لرؤى ونظريات اقترحها قادته، الذين طلبوا عبر القنوات الرسمية تحسين وتفعيل قدراته. وقبل ذلك وبعده، لعبت اعتبارات الموازنة السنوية وما رافقها من تقليص للمصاريف، الدور الكبير في إحداث تلك التغييرات. ومن بين التغييرات الأساسية التي حلت بالجيش خلال السنوات الأخيرة، وكان لها أثر كبير على كيفية إدارته لحرب لبنان الثانية، ما يلي:

1. سلاح البر وقيادة الأركان: عند إنشاء الجيش الإسرائيلي، أُعطيت هيئة الأركان العامة دور القيادة العليا لكل الحروب، كما اعتبرت، بشكل خاص، القاعدة الفعلية المباشرة للمعارك البرية. وتدخل قيادتا سلاحي الجو والبحرية ضمن صلاحيات هيئة الأركان العامة، وقد لعب هذان السلاحان دوراً خاصاً في بناء الجيش، وفي تفعيل باقي أذرعه وأسلحته. كما كان للمخابرات دور بارز في قيادة الجيش، وذلك بسبب الأخطار الجيو-استراتيجية المحدقة بإسرائيل.

وجاءت حرب لبنان الثانية في ذروة عملية بناء قوة سلاح البر، لا سيّما في ضوء تكليفه بالقيام بعدد من المهام من قبل جهات مختلفة، وهناك من رأى أن هذا التوسع في مهامه وصلاحياته من شأنه أن يصل بسلاح البر إلى قمة ما يريده قادته، والخطوة الاستكمالية التي كانت مطلوبة من قبل هيئة الأركان، تمثلت في ضرورة التنسيق الكامل بين الأذرع الثلاثة: البر، والبحر، والجو، في ضوء أن كلاً منها تتمتع باستقلالية كاملة في مجالات عملها.

ويمكن القول إنه خلال الحرب الثانية على لبنان، كان هناك شيء من الغموض في تحديد مسؤوليات سلاح البر، وطبيعة العلاقة الإدارية التي تربط الهيئة العامة للأركان بالقوات التي تخوض المعركة، مما أثر سلباً على الأداء الميداني في أرض المعركة.

2. **الدعم اللوجستي**: في الماضي، أنيطت مهمة الدعم اللوجستي لمستويات قتالية داخل الجيش الإسرائيلي، انطلاقاً من قناعة مفادها أنها مرهونة أساساً بالقدرات الميدانية لتفعيل القوات العسكرية.

هذه النظرية هي التي دفعت باتجاه إقامة جهاز لوجستي مركب وواسع، بجانب باقي الأجهزة والوحدات القتالية، التي تتبع جميعها للهيئة العامة للأركان.

في حرب لبنان الثانية، ظهرت –للمرة الأولى– نظرية جديدة: الدعم اللوجستي الواسع؛ وبناءً عليها، لم يعد الأمر خاصاً بالوحدات القتالية، ولم تصل المواد اللوجستية الداعمة مباشرة من الجهاز الذي أقيم خصيصاً لهذا الغرض للقوات المحاربة في الميدان.

وخلال مجريات الحرب الأخيرة، كُشف النقاب عن مشاكل صعبة وقاسية في مسألة توفير الجوانب التسليحية، والخدمات اللوجستية، المطلوبة بصورة ماسة للوحدات القتالية في ميدان المعركة، على الرغم من أن هناك حقيقة لم تكن غائبة عن قادة الجيش، وهي أن المعركة حصلت وأديرت على بعد كيلومترات قليلة فقط عن الحدود. وهكذا واجهت الطريقة التقليدية في توفير الدعم اللوجستي صعوبات جمة، أمام إيصالها للجنود في الميدان.

3. **قيادة الوحدات**: قبل عدة سنوات، ألغي عدد من القيادات الميدانية في الجيش الإسرائيلي، بناء على تصورات جديدة مفادها إمكانية القيام بعملية "دمج"، بين القيادات المنتشرة، بهدف تشكيل قيادات موسعة.

في الماضي، استطاع الجيش من جهته، تفعيل قوات عسكرية كبيرة أكبر بكثير من تلك التي استخدمها في حرب لبنان الثانية، إلا أن ذلك صاحبه استثناءٌ يشير لاستخدام الجيش لتلك القوات الكبيرة في حالات صغيرة جداً.

قيادة القوات الموسعة، حتى وإن قامت بأداء المهام المنوطة بها، إلا أنها واجهت صعوبات جمة في السيطرة على باقي القوات، ولذلك اتضح كثيراً فقدان القيادة العسكرية لقدرتها على إدارة الحرب الأخيرة على الحدود الشمالية.

4. القوى البشرية: خلال السنوات الأخيرة، ارتفعت أصوات عديدة تطرح أفكاراً جديدة ومختلفة فيما يتعلق بـ:

أ. "تقليص" حجم القوات البشرية والوحدات العسكرية.

ب. تقليل مدة الخدمة العسكرية الإلزامية.

ج. تحديد خدمة جنود الاحتياط.

وبالتالي التقليل من حجم القوات البشرية، وعدم تكليف قوات الاحتياط بخدمة عسكرية طويلة الأمد.

كما انعكس تقليص حجم الموازنات المالية للمؤسسة الأمنية خلال السنوات الأخيرة، على تقليص الخدمة العسكرية في صفوف الاحتياط، في ضوء تراجع التهديد "التقليدي"، وضرورة الحاجة لإجراء تغيير في القوات العسكرية، ودفعت تلك التطورات باتجاه اتخاذ قرارات تقليصية للعناصر البشرية في الجيش. علماً بأن الروح العامة السائدة والآخذة في الانتشار مؤخراً في المجتمع الإسرائيلي، تقلل من شأن الخدمة العسكرية، ومن أهمية واجب التجنيد، وتتجه نحو التساهل الآخذ في التزايد مع المتهربين من صفوف الجيش.

توصيات اللجنة: مهما كان سلاح الجو قوياً، فإنه لا يستطيع أن يحل محل سلاح البر في مهام معينة كاحتلال مناطق والسيطرة عليها، والوصول لمرحلة الحسم مع العدو على أرضه. إضافة لذلك، لم يطرأ تغيير يذكر على طبيعة المعطيات الجيو-استراتيجية التي تحياها إسرائيل، التي أعطت سلاح البر أهميته في الفترة الماضية.

كما أن المراحل التي مرّ بها الجيش الإسرائيلي، جعلت من سلاح البر مكوناً أساسياً بكل ما يتعلق ببناء القوة العسكرية له. وبالتالي منح الهيئة العامة للأركان السيطرة الكاملة والمباشرة، على الرغم من أن الحقائق الجيو-استراتيجية الإسرائيلية لم تساعد إلى حدّ بعيد في إقامة جهاز مستقل لسلاح البر بعيداً عن باقي الأجهزة.

في مجال الدعم اللوجستي، تقترح اللجنة منحه مباشرة للوحدات المقاتلة، مع ما يتعلق بتوفير المواد القتالية، وإيصالها لجبهة القتال، وتوزيعها على الوحدات المقاتلة بالرغم من حالة التبذير النسبي التي تعتري هذه الطريقة.

ونوصي بضرورة استكمال تعبيد طريق رقم 6 الواصل من منطقة الجليل الأعلى إلى النقب، كطريق واصلة بين مختلف مناطق البلاد، مما سيوفر إمكانية إيصال الوسائل القتالية للقوات في أسرع وقت ممكن، إضافة لإقامة وحدات جديدة تابعة للهيئة العامة للأركان لتحسين قدرتها على إدارة المعارك القتالية.

تنظر اللجنة بعين الخطورة لحالة التراجع في تأهيل المجندين، سواء أولئك المنخرطين في الجيش النظامي، أم قوات الاحتياط، مما يتطلب من الحكومة توفير أهداف معينة ومحددة للخدمة العسكرية، لتلافي إمكانية تدهور قيمتها الآخذة في التزايد في المرحلة الراهنة.

وهناك ضرورة ملحة لمنح موضوع التجنيد العسكري أهمية فائقة من جهة، ومن جهة أخرى وضع تعريف واضح للخدمة الوطنية انطلاقاً من كونها واجباً وطنياً، في ظلّ ما هو متوفر من معطيات مؤلمة تشير إلى أن الشبان دون الـ 18 عاماً في المجتمع الإسرائيلي، لايلائمون مهمة الانخراط في الخدمة العسكرية لأسباب مختلفة.

في المقابل، مطلوب من المؤسسة الأمنية والجيش تفعيل الدورات التأهيلية اللازمة للمجندين والمجندات، في إطار إعدادهم لمتطلبات الخدمة العسكرية.

لقد حان الوقت لمنع تقليص مدة الخدمة العسكرية، وإلغاء تلك الفكرة من الأجندة القائمة على جدول أعمال الجيش، وبالنسبة للخدمة في صفوف الاحتياط، تسعى اللجنة بجهد حثيث نحو استكمال إقرار قانون الخدمة الاحتياطية، وفق الاعتبارات التالية:

1. الصورة التي تناسب جنود الاحتياط.
2. المحافظة على مستوى مقبول من التأهيل العملياتي.
3. وضع جدول زمني لواقع تجنيدهم.

وبالنسبة للخدمة العسكرية الإلزامية، يقترح عضو اللجنة، عضو الكنيست يوسي بيلين، ألا يتمّ إلغاء فكرة تقصير مدتها في اللحظة الراهنة.

أخيراً... على إسرائيل أن تقيم مفهوماً خاصاً لمحاولة التكيف مع المخاطر المختلفة المتلاحقة التي تحيط بها من كل الجبهات، بالتنسيق الكامل مع البيئة الاستراتيجية الحالية، بحيث يكون من شأنه الوصول لحالة توفيقية بين العمليات الميدانية للقوات العسكرية، وبين التدريبات الخاصة بالقوات النظامية والاحتياط.

في ضوء ذلك، يجب إعادة النظر من جديد في تنامي ذلك المفهوم، للنظامي أم للاحتياط، وصولاً لأفضل حالة يتمّ فيها استغلال القوى البشرية على الوجه الأكمل.

الهجمات العسكرية:

أوضحت حرب لبنان الثانية –ولو بصورة جزئية– حجم التهديد الذي كان ماثلاً أمام الجبهة الإسرائيلية، العسكرية والسياسية، والنابع من معطيات جيو–استراتيجية خاصة بإسرائيل، ومن قدرة العدو على المسّ بأهداف داخل أراضيها، وكجزء من التهديد، فإن مكونات القوة الإسرائيلية تحت هذا التهديد تتنامى من خلال النار المركزة.

من المهم التذكير، أن الوسائل والأساليب المستخدمة لتنفيذ ذلك التهديد على الجبهة الإسرائيلية، تغيرت كثيراً خلال السنوات الأخيرة، علماً بأن طبيعة التهديد المتناغم أساساً مع المعطيات الجيو–استراتيجية التي تعاني منها إسرائيل، لم يطرأ عليه تغير ذو قيمة عليا.

مع العلم بأن الدولة ومنذ سنواتها الأولى، وخلال حرب الاستقلال[7]، استطاعت التكيُّف والتعامل مع الصعوبات المريرة التي واجهت واضعي نظريتها الأمنية، ومنذ ذلك الوقت بقي ماثلاً ذلك السؤال الكبير: لمواجهة التهديد ضدّ الجبهة الإسرائيلية، هل من الفائدة استخدام وسائل دفاعية أم هجومية؟.

الإجابة التي تلقتها قيادة الجيش الإسرائيلي في تلك الأيام الأولى، مالت بصورة واضحة لصالح الوسائل الهجومية، وكان لهذا القرار تعبيراته الواضحة جداً في بناء القوة العسكرية، وتوصيف محتويات النظرية الأمنية للجيش.

ونتيجة لذلك، حدث تراجع مريع في الاحتياجات الدفاعية داخل مؤسسة الجيش، بسبب التركيز الكبير الذي منحته عمليات الاستثمار في الجهود الهجومية لإسرائيل، وبقيت هذه

---

[7] الاسم الإسرائيلي لحرب سنة 1948. (المترجم)

الفرضية تحرك الدولة منذ إنشائها، وحتى كتابة هذه السطور.

واليوم، ومنذ سنوات التسعينيات، شهدنا حالة جديدة من الاستثمار في النواحي الدفاعية، وقررت قيادة الجيش إقامة ثلاثة مشاريع مركزية ذات علاقة بالنواحي الدفاعية، وهي:

1. مشروع تطوير الأسلحة الخاصة بصدّ الصواريخ.
2. توزيع المهام بين الأجهزة الإدارية لحماية للسكان.
3. بناء الجدار الأمني بين إسرائيل والضفة الغربية وقطاع غزة.

ومؤخراً، تقرر إقامة جهاز دفاعي خاص لحماية "غلاف غزة"[8]، والناظر لمختلف تلك المشاريع يلحظ بوضوح إجراء تغيير نحو عدم تقليص الاستثمار في النواحي الدفاعية. وليس معروفاً بعد، ما إذا كان التغيير الذي حصل له علاقة بتأثير النظرية الأمنية لإسرائيل، و/ أو منطلقاً من رغبة داخلية نحو تركيز مفهوم "الدفاع"، إلى جانب مكونات النظرية الأمنية.

وحتى اليوم، هناك نقاش حادّ يجري داخل الأروقة حول مدى فاعلية وجدوى هذه المشاريع الدفاعية.

توصيات اللجنة: ليس بودنا الخوض في النقاشات القائمة حول الأبعاد المهنية لتلك المشاريع، لكن من الواضح أن تلك المشاريع "الدفاعية"، أو جزءاً منها على الأقل، منعت وقوع ضحايا كثر في إسرائيل، بل وساعدت على تفعيل قوة الردع الإسرائيلي.

بالتوازي مع ذلك، لا نجد مناصاً من الحديث بصورة واضحة عن أن المنطق الأساسي الذي استند إلى تفضيل الاستثمار في الجوانب الهجومية فور إقامة الدولة، ولى زمانه، وعلى إسرائيل العمل على بناء قوتها الردعية وحسمها مع أعدائها بواسطة وسائل دفاعية، والتأكد من فعاليتها وفق أساليب مختلفة.

إضافة لذلك، يجب التوسع في المشاريع الدفاعية الفعالة، القائمة على صدّ الوسائل الهجومية الأساسية التي يستند إليها أعداؤنا.

---

[8] منطقة "غلاف غزة" المقصود بها القرى والتجمعات الاستيطانية المحيطة بقطاع غزة، التي شكلت الهدف المفضل لصواريخ المقاومة الفلسطينية، خاصة مدينتي سديروت والمجدل. (المترجم)

النظرية الأمنية:

تمّ تطبيق النظرية الأمنية لإسرائيل، والوصول لصياغتها النهائية غير الرسمية في أواخر سنوات الأربعينيات، وأوائل خمسينيات القرن العشرين، في وقت كانت تتهددها أخطار وتهديدات "تقليدية".

استندت النظرية في مبادئها الأساسية إلى بناء القوة العسكرية في الأوقات العادية ولحظات الطوارئ، وانطلاقاً من المصلحة الأمنية القومية لإسرائيل، المرتكزة أساساً على موقعها الجيو–سياسي، ومحيطها الجيو–استراتيجي.

إنَّ الأساس النظري للمفهوم الأمني قام أساساً على المعطيات، الكمية والنوعية، بين إسرائيل والدول العربية، في نواحي القوى البشرية، والأراضي، والموارد الطبيعية، وهي معطيات لم تتغير منذ تلك اللحظة حتى اليوم. وفي نظرة إلى الوراء، فإنه بالرغم من حالات الإخفاق التي واكبت تصميم النظرية الأمنية، فقد استطاعت أن توفر لإسرائيل الكثير من الإنجازات في حروبها العديدة.

وشهد تاريخ إسرائيل الطويل من الحروب والمواجهات المسلحة، قدرة فائقة على تحقيق نجاحات وحسم معارك مع أعدائها، أو على الأقل الحيلولة دون وصولهم لتحقيق أهدافهم.

النجاح الإسرائيلي استند إلى مفهوم الردع، وأتى بنتيجة مزدوجة:

1. جزء من أعدائنا تعبوا من الحروب، واعترفوا بنا، ووقعوا معنا اتفاقات سلام.
2. الجزء الآخر، اتجهوا نحو طرق عسكرية غير تقليدية ونوعية، مثل: الإرهاب، وحروب العصابات، وأسلحة باليستية.

وجاءت حرب لبنان الثانية لتكشف عن عيوب وإخفاقات هائلة في تطبيق المبادئ الأساسية للنظرية الأمنية، كيف ذلك؟.

1. نقل القتال إلى أرض العدو وتدمير قواته: جوهر المعركة التي أدارتها إسرائيل تقوم على النيران المضادة، جواً وبراً، كما أن النار الدقيقة افتقرت للغطاء البري الكامل، من حيث عدم النجاح في نقل المعركة لأرض العدو، بواسطة عملية برية.

معظم العمليات البرية التي نفذها الجيش الإسرائيلي وصلت إلى عمق عدة كيلومترات على طول الحدود، ولذا جاء الاعتماد على العملية الجوية خلال معظم

مراحل المعركة، مما لم يمكنها من تحقيق أهدافها بشكل كافٍ، لا سيّما في تدميرها قوة الخصم.

2. **إزالة تهديد الجبهة الداخلية، ومنع نشوب حرب استنزاف:** خلال حرب لبنان الثانية وقفت الجبهة الداخلية الإسرائيلية، موقفاً جديراً بالدراسة، لا سيّما في ظلّ استهداف شمال الدولة، الذي أثر بدوره أخلاقياً واقتصادياً عليها.

وبالتالي، جاء تواصل المعركة لمدة 34 يوماً متتالياً، لتتحول إلى "حرب استنزاف"، مع ما لذلك من تبعات لا يمكن منعها في الجوانب المدنية والاقتصادية والعسكرية في آن واحد، مما فسر استمرار التهديد على الجبهة الداخلية من جهة، ومن جهة أخرى تواصل الحرب التي لم تكن قصيرة.

3. **مرحلة الحسم:** الوصول لمرحلة الحسم الواضح من قبل إسرائيل، هو ما مكنها من ترسيخ مفاهيم الردع وتعميقها، ومع ذلك ففي نهاية الحرب الأخيرة، لم تنجح إسرائيل في إخضاع العدو المكون فقط من عدة آلاف من المقاتلين.

4. **قوات الاحتياط:** جوهر قوة الجيش الإسرائيلي، خاصة سلاح البر، يستند لقوات الاحتياط، وقد شهدت الحرب الأخيرة تأخيراً طويلاً في تجنيد صفوف الاحتياط بصورة ملحوظة، وبعد البدء بتجنيدهم، تمّ "استخدامهم" بصورة محددة، وفي مستويات محدودة نسبياً على عكس الحروب السابقة، التي وجدت إسرائيل نفسها فيها متفوقة عددياً.

5. **طريقة الهجوم:** في أعقاب النجاحات التي حققها سلاح الجو في الضربات الاستباقية، التي وجهها ضدّ قذائف حزب الله الصاروخية طويلة المدى والمتوسطة منها، واصل الجيش الإسرائيلي ضرباته الجوية وعملياته البرية في المناطق المحاذية للحدود. وحتى الأيام الأخيرة لمجريات الحرب، اتسمت العمليات البرية للجيش بطابع الاجتياحات الموضعية، قصيرة المدى، حيث انتهج أسلوب العمليات الهجومية الأحادية، ومُنع من ممارسة ضغوط مكثفة.

6. **عنصر الزمن:** أحد الإنجازات السياسية الواضحة للحرب الأخيرة، كان السرعة في تجنيد "الشرعية" الخارجية والداخلية لها، والحفاظ عليها مدة زمنية طويلة. في المقابل، فإن منح الجيش زمناً طويلاً شكل سبباً رئيساً للإضرار بفعالية عملياته العسكرية، فالتجارب أثبتت أن "تحديد الزمن" أساسي في التخطيط العسكري. هذه

المرة، جاءت إدارة الحرب بصورة مغايرة، والنقص في القدرة على الوصول مع العدو لمرحلة الحسم بالسرعة اللازمة، والزمن الطويل الذي كان في خدمة الجيش، أدى لافتقاده لعناصر الفعالية والتواصل للعملية العسكرية.

7. **عامل الردع:** على الصعيد الاستراتيجي – السياسي، كان لفداحة الردّ الهجومي وغير المتوقع، الذي تلقاه حزب الله، وتسبب له بأضرار كبيرة، إلى جانب التحسب الإسرائيلي الكامل لإمكانية تفجير متوقع للجبهة الداخلية، أثر كبير في تحقيق الردع الإسرائيلي، وعلى الصعيد العملياتي، كان لها أثر ملموس في النجاح على المسّ بقدرات العدو.

في المقابل، فإن تواصل إطلاق القذائف الصاروخية، وتراجع القدرة الإسرائيلية على الوصول لمرحلة تخفيض إطلاقها خلال أيام الحرب، مكّن حزب الله من المحافظة بصورة ملحوظة على قدرته، وغاب الإنجاز الإسرائيلي المتمثل بالمسّ بإمكانياته العسكرية.

وفي الوقت ذاته، غدا العبث بالقدرة الردعية لإسرائيل أمراً عادياً، وأدى إلى دفع ثمن باهظ وعالٍ بشكل واضح جداً.

توصيات اللجنة: الوصول لمرحلة الحسم، يعني تحقيق الهدف الأسمى للعدو المتمثل باستمرار الحرب، وهذا يخالف رغبة الجيش الإسرائيلي خلال أي مواجهة مسلحة، مما يعني أن الجيش في الحرب الأخيرة مني بفشل ذريع لقوته الردعية.

في المواجهات العسكرية، لاسيّما في المنطقة المحاذية لإسرائيل، لا يمكن إحداث حالة تغيير استراتيجي دون نقل ساحة المعركة لأرض العدو، ويجب العمل سريعاً وبصورة فاعلة لمنع المسّ بالجبهة الإسرائيلية، ومحاولة استعادة عامل الزمن القصير ليكون في صلب التخطيط العسكري – السياسي.

وبالنسبة للتأهيل العسكري لجنود الاحتياط، يجب الاهتمام بهم بصورة دائمة، وضرورة تجنيدهم وتفعيل قدراتهم، تحسباً لأي مواجهة عسكرية واسعة قد تنشب بين الحين والآخر.

قوة الردع شكلت –وما زالت– حجر الأساس في الاستراتيجية الإسرائيلية، وفي دفع حافزيتها للسلام، وفي ضوء قوة ردعنا سيتردد أعداؤنا في شنّ حرب ضدنا، وما من شكّ أن هذا الردع هو الذي حافظ على إسرائيل منذ إقامتها.

قوة الردع هي النتيجة الطبيعية للحسم العسكري الذي تحقق لإسرائيل، في كل مواجهة أليمة وقاسية فرضت عليها، وهذا الردع لا يبنى فقط على النواحي العسكرية، فالمقصود هو عمل عسكري متواصل، من واجبه تحقيق أهداف لها علاقة مباشرة بالجوانب الردعية.

إنجازات الحرب:

إنجازات سياسية – استراتيجية:

العملية العسكرية الواسعة، الهجومية وغير المتوقعة التي شنتها إسرائيل ضدّ حزب الله، عملت على إحداث تغيير في ميزان القوى الاستراتيجي بيننا، وتغيير طبيعة التهديد الذي أراده حزب الله على نحو خاص به.

أدت العملية العسكرية – السياسية التي قامت بها إسرائيل لكسر الردع الذي صنعه حزب الله تجاهنا، وتغيير "قواعد اللعبة" التي كانت قائمة منذ الانسحاب الإسرائيلي من لبنان.

نجحت إسرائيل في توفير اعتراف دولي واسع لمصداقية عمليتها العسكرية السياسية ضدّ حزب الله، وبالرغم من مواصلة العملية، دخلت المواجهة معه مساراً سياسياً واسعاً.

وقد نالت إسرائيل التأييد على الرغم من المواجهات العسكرية القائمة بينها وبين العرب، وفي ظلّ الحرب العالمية المعلنة على الإرهاب الإقليمي والعالمي، خاصة وأن العالم الإسلامي منقسم إلى معسكرين: الدول المعتدلة، ومحور الشر!

وقد فرضت المواجهة على الحزب استخداماً مبكراً لأسلحة وصلته من إيران وسورية، في توقيت غير ملائم بالنسبة إليهم على الإطلاق.

وبالتالي، جاءت الحرب للفت الأنظار إلى إيران وأفعالها، وتحققت المزاعم التي قيلت بحقها، لا سيّما في ضوء المشاركة الفاعلة معنا من قبل "الدول السنية" التي تعلن عن سياسة براجماتية نسبية تجاه إسرائيل، من بينها المملكة العربية السعودية، والأردن، ومصر. هذه الدول تخشى من التهديد المتنامي الذي ينتمي لنموذج الأيديولوجية الشيعية الراديكالية التي تتزعمها إيران من خلال "مندوبيها"، ومن بينهم حزب الله. وهكذا تزامنت مطالب الأقطار السنية ضدّ المحور الإيراني – الشيعي، مع المصالح الإسرائيلية في الشرق الأوسط.

و"مبادرة السلام" التي أعلنتها الجامعة العربية بناء على طلب السعودية، أعلنت بشكل رسمي قبل اندلاع الحرب، وبعد انطلاقها، تمّ الإعلان عنها مجدداً مع إجراء بعض التغييرات التي حلت في العالم العربي.

لمن يذكر، فإنه بعد حرب الأيام الستة في حزيران/ يونيو 1967، التي حقق فيها الجيش الإسرائيلي حسماً عسكرياً ضدّ الجيوش العربية، اجتمعت الدول العربية في قمة الخرطوم، وأعلنوا عن "لاءاتهم الثلاثة":

1. لا للاعتراف بإسرائيل.
2. لا لإجراء التفاوض معها.
3. لا لعقد اتفاق سلام معها.

الآن بالذات، وبعد انتهاء حرب لبنان الثانية، وفي ضوء النتائج المخيبة للآمال من الناحية العسكرية لإسرائيل، تخلصت الدول العربية و"بصورة جماعية" من مبدأ رفض الاعتراف بإسرائيل، وعادت عن مقترحاتها التي تشترط الاعتراف بها في شروط معينة.

طبعاً لا يجب أن يقال إن هذه الشروط مقبولة على إسرائيل، لكن الرغبة العربية للاعتراف بها، تعتبر تطوراً إيجابياً في العالم العربي من ناحية إسرائيل.

وجاء انتهاء الحرب بقرار مجلس الأمن الدولي رقم 1701، بتكوين قوة دولية كبيرة باسم "يونيفيل"، وتواجد مكثف للجيش اللبناني يصل تعداده إلى 25 ألف جندي. وعلى الرغم من التصريح المعلن لـ"نصر الله" بعدم موافقته على تواجد الجيش اللبناني، و/ أو القوات الدولية في جنوب لبنان، فقد اضطر حزب الله للتسليم بالأمر الواقع، وتواجد قوات من كلا الجانبين بأعداد كبيرة في الجنوب.

هذا التواجد العسكري، وبالضرورة، لن يمكن حزب الله بالضرورة من العمل بحرية كما في الماضي، خاصة بالقرب من المناطق الحدودية.

ومن جانب آخر، فإن تنفيذه الجزئي للقرار 1701، لا يتضمن تفصيلاً لكيفية منع انتشار مقاتليه بصورة سرية من جديد جنوب الليطاني، في ظلّ المساس الكبير بقدراته التسليحية.

من الصعوبة بمكان تقدير كيفية تأثر موقع حزب الله على المدى الطويل، داخل لبنان، وعلى تطور علاقاته مع القوى السياسية الداخلية في المستقبل.

ومع ذلك، فمن الواضح أن الحزب يعاني من التهم الموجهة إليه بأنه المتسبب بالأضرار الكبيرة التي حصلت للسكان اللبنانيين في أعقاب الحرب، وهناك من يحمله مسؤولية تعميق الانقسام السياسي في البلاد، والأزمة الاجتماعية – الطائفية، والاقتصادية للدولة[9].

في المقابل، فإن "فريق 14 آذار"، برئاسة رئيس الحكومة السنيورة، أظهر صلابة وعناداً أمام الاستفزازات والمحاولات التي قامت بها المعارضة لإسقاط حكومته. ومؤخراً سيطر الجيش اللبناني –للمرة الأولى وبعد معارك طاحنة– على مخيم للاجئين الفلسطينيين في شمال البلاد[10]، وربما تشير هذه الحادثة إلى سياسة هجومية تشنها الحكومة والجيش اللبنانيين ضدّ الميليشيات المسلحة.

إنجازات عسكرية:

منذ بدء الحرب، نجح الجيش الإسرائيلي في المسّ بصورة قاسية بالمخزون الاستراتيجي للقذائف الصاروخية التي يمتلكها حزب الله، وتحقق نجاح كبير في ملاحقة منصات إطلاق الصواريخ المتوسطة والثقيلة، والمسّ بها في الوقت المناسب.

معظم المنصات الصاروخية، خاصة ذات البعد المتوسط، التي تمّ تشغيلها خلال الحرب، دمرت بصورة نهائية، فور انطلاق الصاروخ الأول، مما منح إسرائيل مزيداً من القوة الردعية.

وفي أعقاب عملية مكثفة تمّ تدمير معظم المواقع العسكرية المتقدمة للحزب، وغدت جزءاً أساسياً من أي عملية برية بجانب المناطق الحدودية.

ونتيجة لذلك، وكجزء من القرار الدولي 1701، تمّ إلغاء تواجد الحزب على طول الحدود، في المواقع ذاتها التي تمترس خلفها قبل الحرب.

الجيش الإسرائيلي أصاب بصورة قاسية مربع الضاحية الجنوبية ببيروت، التي تعدّ الموقع القيادي الأول للحزب، واستطاع المساس بشكل مؤلم بمواقع إضافية استراتيجية للمنظمة في منطقة بعلبك.

---

[9] من الجدير بالذكر أن التقرير أعد قبيل وصول اللبنانيين إلى اتفاق الدوحة في أيار/ مايو 2008، وبموجبه أصبح حزب الله ذا تأثير أكبر مما قد حصل عليه قبيل حرب لبنان الثانية. (المترجم)

[10] يشير التقرير إلى حوادث مخيم نهر البارد والمعارك التي نشبت بين الجيش اللبناني ومقاتلي فتح الإسلام، التي استمرت أسابيع طويلة، وسقط خلالها العشرات من الطرفين. (المترجم)

كما قتل خلال مجريات الحرب ما بين 550–650 مقاتلاً من حزب الله، ودمرت آلاف المواقع، والمباني، والشقق السكنية، ومخازن الأسلحة، واليوم ما زال لبنان والحزب يعيدان الترميم الكامل من آثار الدمار الكامل الذي لحق بهما.

عضوا اللجنة: آفي إيتام، ويسرائيل حسون، لا يتقبلان طريقة عرض إنجازات الحرب، كما سيتمّ توضيحها لاحقاً. أما عضو اللجنة يوفال شتاينتس، يضيف بأن تبعات القرار 1701 ما زالت مثاراً للخلاف بين الأطراف، وأن أضراره تفوق فوائده.

نظرة على مبادئ الحرب

1. في 2006/7/12، في أعقاب خطف الجنديين، تمّ تنفيذ خطة "هانيبال" المعدة سلفاً للتعامل مع أي حادثة اختطاف للجنود، وفي اليوم ذاته سقط على الأراضي الإسرائيلية 22 صاروخاً، وفي المساء اجتمعت الحكومة، وحددت طبيعة الأهداف المعدة لمهاجمتها في لبنان، في إطار ردها القاسي على الأعمال العدوانية لحزب الله.

2. صباح اليوم التالي، بدأت المرحلة الأولى من الحرب، التي استمرت حتى تاريخ 17 تموز/ يوليو، حيث اعتمد الجيش أساساً في عملياته العسكرية على النيران الموجهة، وهي الخطة المعدة بشكل مسبق. كما فرض الجيش حظراً بحرياً وجوياً على الأراضي اللبنانية، واستهدف مطار بيروت الدولي بصورة جزئية، وعمل بجهد حثيث لعزل الجنوب اللبناني لمنع تهريب الأسلحة من سورية إلى لبنان.

وتمّ تكليف قيادة المنطقة الشمالية بتفعيل عملياتها على المناطق الحدودية، خاصة في جانبها الشمالي، بهدف تصفية التواجد الميداني لحزب الله، وما يتعلق به من مرافق وبنى تحتية.

وخلال هذه المرحلة، نجحت إسرائيل في توجيه ضربات مؤلمة لأجهزة إطلاق الصواريخ المنطلقة باتجاه الدولة.

3. المرحلة الثانية من الحرب بدأت يوم 17 تموز/ يوليو، واستمرت لمدة عشرة أيام، حتى الـ 27 من الشهر ذاته، وتمّ توسيع حجم ومساحة العمليات العسكرية، التي بدأت في المرحلة الأولى، وارتكزت أساساً على سلاح الجو، وبدأت قيادة المنطقة الشمالية بتنفيذ سلسلة من العمليات البرية المحدودة زمنياً، والمقلصة جغرافياً، في محاولة للنيل من أهداف حزب الله الممتدة عدة كيلومترات على طول خط الحدود.

وإلى جانب ذلك، بدأت الأجهزة المختصة بتنفيذ عدد من العمليات الخاصة داخل الأراضي اللبنانية.

4. المرحلة الثالثة من الحرب بدأت منذ 27 تموز/ يوليو، وبقيت مستمرة حتى دخول قرار وقف إطلاق النار حيز التنفيذ بتاريخ 14 آب/ أغسطس، وفي هذه المرحلة بدأ التفكير عملياً بضرورة الحاجة لتغيير الذهنية العسكرية الخاصة بسير العمليات

الميدانية، لا سيّما وأن الجيش واصل إدارة المعركة حتى السابع من آب / أغسطس بالمنهجية السابقة نفسها.

وفي السابع من آب / أغسطس، قررت قيادة الجيش الخروج لتنفيذ عملية برية واسعة النطاق في الجنوب اللبناني بهدف إسكات القذائف الصاروخية قصيرة المدى، المنطلقة باتجاه الجبهة الداخلية، إلا أن المباشرة الفعلية للعملية تأخر لعدة أيام بسبب الاستعدادات اللوجستية اللازمة للقوات من جهة، وللتنسيق مع المفاوضات السياسية المبذولة، والتي وصلت مرحلة متقدمة.

النظرة الأمنية التي حركت العملية البرية هدفت لضرب قدرات حزب الله العسكرية الميدانية، في محاولة للوصول إلى مرحلة إخضاعه بالكامل.

ولهذا الغرض، قام الجيش بعملية تجنيد واسعة وفعالة في صفوف قوات الاحتياط، التي انضمت إلى صفوف المقاتلين المنخرطين في المعركة، وشاركوا في مجرياتها بشكل مثير للانطباع، إلى أن دخل قرار وقف إطلاق النار حيز التنفيذ. ومع ذلك، وللأسف الشديد فإن تواصل إطلاق القذائف الصاروخية لم يتوقف لحظة واحدة حتى انتهاء الحرب بصورة عملية.

حزب الله

القوة العسكرية لحزب الله لا تتجاوز بضعة آلاف من المقاتلين المتمرنين على أنماط قتالية لجيوش نظامية، وخلال مراحل تسليح الحزب ودعمه اللوجستي حرص على التزود بصواريخ مختلفة الأبعاد: قصيرة، ومتوسطة، وبعيدة المدى، لتصل في مجموعها إلى 14 ألف قذيفة صاروخية.

معظم القذائف قصيرة المدى، من نوع "الكاتيوشا"، 107 و122 ملم، والتي يصل مداها لـ 20 كم، تمّ جمعها وتجهيزها في فترة ما قبل الانسحاب الإسرائيلي من جنوب لبنان. وخلال السنوات الست التي تلت الانسحاب إلى ما قبل اندلاع الحرب الأخيرة، نجح الحزب في تجهيز قواته بقذائف صاروخية طويلة المدى، وأسلحة أوتوماتيكية، ووسائل قتالية متطورة، وخنادق تحت الأرض، وشبكات اتصالات حديثة، ووسائل أخرى.

إضافة لذلك، بذل الحزب جهوداً مضنية في بناء قواته التنظيمية، عبر إنشاء المزيد من الخلايا القتالية، وتوسيع مجالات عملها، وتعميقها جغرافياً في الجنوب اللبناني وأنحاء بيروت، لا سيّما على صعيد بناء المرافق الأساسية الخاصة ببنيته التحتية.

وهكذا، بصورة أو بأخرى، وبفضل هذه الجهود والإمكانيات، تحول الحزب إلى قوة عسكرية نظامية من الدرجة الأولى.

وفي مقابل الجهود العسكرية التي بذلها، انهمك الحزب في العمل السياسي الداخلي اللبناني، في ضوء الدعم الشعبي الذي حصل عليه من قبل أبناء الطائفة الشيعية المتمركزة أساساً في جنوب لبنان. ومع ذلك، حافظ الحزب على بقائه تنظيماً سرياً تحت الأرض، ولم يمارس عملاً سياسياً مكشوفاً، وبالإمكان إلقاء نظرة على طبيعة مظهره الخارجي من خلال النقاط التالية:

1. يتمتع الحزب بقدرات عسكرية نظامية متقدمة، بما فيها أسلحة صاروخية، وقذائف مختلفة المدى، وشبكة اتصالات، وجهاز دفاعي للحماية، وتوزيع المناطق لقيادات عسكرية، وغيرها.

2. اتخذ الحزب لنفسه طريقة قتال تقترب من حروب العصابات، وابتعد قدر الإمكان عن

خوض مواجهات مباشرة، بحيث لم يصل لمرحلة الحسم والإخضاع، ولجأ في الغالب للاختفاء من أمام أعدائه.

3. لم يجد الحزب مانعاً أمامه من استهداف المدنيين الإسرائيليين، أسوة بباقي المنظمات. ولجأ في أحيان كثيرة، لاستخدام المدنيين اللبنانيين لحماية أماكنه ومستودعاته.

واستطاع حزب الله تجنيد الآلاف من المقاتلين؛ النظاميين والاحتياط، كما أن جزءاً كبيراً منهم خاض تدريبات مكثفة ومتواصلة على حروب العصابات في إيران، ومن ضمنها تدريب وحدات متخصصة في إطلاق الصواريخ، وتمّ منحها وسائل قتالية صاروخية متطورة. كما نجح الحزب في إقامة شبكة واسعة من الأنفاق والخنادق الكبيرة تحت أراضي الجنوب اللبناني، واستخدامها في أغراض شتى، ظهر بعضها خلال الحرب الأخيرة.

وإضافة لما تقدم، أقام الحزب شبكة اتصالات متقدمة، وقيادة تحكم ناجعة، في مختلف أنحاء بيروت، تركزت بصورة أساسية في الضاحية الجنوبية، التي تعدّ معقل الحزب الرئيسي. فضلاً عن تسلحه بعدد من التقنيات العسكرية الصاروخية، لا سيّما تلك الصواريخ البحرية، من نوع C-802، ذات الإنتاج الصيني.

ومن العوامل التي ساعدت حزب الله على خوض حرب عصابات سرية ناجحة:

1. العدد الصغير نسبياً لمقاتليه.
2. إخفاء قدراته العسكرية.
3. ملاءمة قواته العسكرية مع الطبيعة الميدانية المدنية، وتوظيفها لمهام الدفاع.
4. قيام قادته العسكريين بمنحه قدرات "استقلالية"، وذلك عن طريق الابتعاد الكامل عن الصيغة التقليدية للجيوش العربية في الماضي.
5. بناء تنظيم لوجستي وقيادي، يمنحه القدرة على مواصلة القتال في ظلّ ظروف قاسية خلال فترة طويلة.

وخلال فترة الحرب الأخيرة، وفي ذروة استخدامه لقوته العسكرية، ارتكز حزب الله لتلك المفاهيم والمبادئ، في رغبة جامحة منه للمحافظة على هدف المسّ بإسرائيل وجيشها، لتحقيق ما يسميه نصراً عليها.

فحزب الله يرى أن هدفه الاستراتيجي من تنامي قدراته العسكرية لا يرمي إلى تحقيق الحسم النهائي مع إسرائيل، لاعتقاده أنه من خلال الوسائل التي تضايقها بصورة متواصلة، لن يجعلها تكتفي بدور المتفرج[11].

الوسيلة الهجومية الأكثر فتكاً التي امتلكها الحزب، واستخدمها بصورة استراتيجية، تمثلت بالقذائف الصاروخية الكبيرة التي استطاع بناءها وتقويتها خلال العقد الأخير الذي سبق الحرب، بتمويل ودعم من سورية وإيران، فعشية الحرب امتلك الحزب على الأقل ما يقارب 14 ألف قذيفة صاروخية ذات أبعاد مختلفة.

معظم القذائف، أكثر من سبعة آلاف قذيفة، وصلت الحزب في الفترة الممتدة حتى شهر أيار/ مايو 2000، وهو تاريخ انسحاب الجيش الإسرائيلي من لبنان، والمثير أن جزءاً من تلك القذائف تمّ تخزينه في مستودعات داخل "القطاع الأمني" الذي أقامت به قوات الجيش.

معظم القذائف ذات المدى القصير، تصل حتى 20 كم، وتحمل حشوة متفجرة بوزن 7–18 كغ. وفي أعقاب الانسحاب الإسرائيلي من لبنان، تمّ تخزين هذه القذائف –لا سيّما من طراز "الكاتيوشا"، ذات قطر 107 و122 ملم، والتي يصل عددها إلى خمسة آلاف قذيفة– في أماكن ومخابئ مدنية، و/ أو تمّ وضعها في مواقع تكون جاهزة لإطلاقها من جنوب لبنان.

وطالما أن نسبة كبيرة من هذه القذائف لا يتجاوز مداها الـ 20 كم، فقد نُشِرَ معظمها، ووضعت على مسافات لا تتجاوز عشرة كيلومترات من الحدود الإسرائيلية اللبنانية. كما أن معظمها أطلق خلال الحرب الأخيرة عبر جهاز توقيتي باسم "تايمر"، يتمّ تشغيله مسبقاً، دون الإضرار بالمنصة ذاتها.

بصورة إجمالية، نجح الحزب في إطلاق ما يقارب 3,500 قذيفة صاروخية من هذا النوع خلال الحرب.

إضافة لما تقدم، أطلق الحزب ما يقرب من 700 من أصل ألفي قذيفة صاروخية، كانت بحوزته، ذات أبعاد تتراوح ما بين 40–200 كم، وقذائف من هذا النوع، لا سيّما تلك التي

[11] هذا هو المنطق الاستراتيجي الذي يحرك تنظيمات العصابات: فمن خلال استخدام وسائل التدريب والتخفي، والقيام بعمليات مكثفة، إلى جانب بناء القدرات الهجومية، كل ذلك يمنح التنظيم القدرة على منع الوقوع في مرحلة الحسم مع الخصم. ولذا فإن مؤشر الانتصار على الخصم، لا يأتي من خلال حسم الصراع معه وإخضاعه، بل يأتي من خلال المحافظة على قدراته على المس به بصورة دائمة.

تحمل زنة تتراوح بين 18–600 كغ، الثقيلة، والكبيرة، والمركبة بصورة معقدة، بصورة ناجعة تتجاوز "الكاتيوشا" قصيرة المدى. إن المدى المفترض لهذه القذائف الصاروخية يجعل من الممكن تشغيلها عبر منصات تطلق من مناطق شمالية، مثل مدينة صور وأماكن إضافية، شمال وجنوب نهر الليطاني.

استعدادات الجيش على طول الحدود الشمالية عشية الحرب

مقابل بناء قوته العسكرية، وترسيخ وجوده السياسي في لبنان، قام حزب الله بالردّ أحياناً على العمليات العسكرية الإسرائيلية، وقام أحياناً أخرى بمبادرة ذاتية تمثلت بتنفيذ عمليات مختلفة ضدّ إسرائيل، لا سيّما من خلال إطلاق القذائف الصاروخية شمال إسرائيل، ووضع عدد كبير من العبوات الناسفة، والكمائن المسلحة، بل والنجاح في تسلل مسلحين داخل الأراضي الإسرائيلية.

وفي المقابل، سعى الحزب بصورة حثيثة لتقوية قدراته الاستخبارية، من خلال الوسائل التكنولوجية، والعناصر البشرية، ومحاولات تجنيد عناصر إسرائيلية. كما نجح الحزب أيضاً بالتدرب جيداً، والتخطيط عملياً لاختطاف جنود إسرائيليين على الحدود الشمالية، خاصة خلال عامي 2005–2006، بعد توسع قدراته الميدانية وبنيته العسكرية بجوار الحدود.

وعلى الرغم من أن تنامي قوة الحزب، ورغبته الجامحة باختطاف جنود إسرائيليين، باتت معروفة لدى المصادر الاستخبارية، ولدى المستوى السياسي، فقد بذل الجيش جهوداً حثيثة لمنع وصول الحالة مع حزب الله إلى تدهور عالي المستوى. أما الاستراتيجية التي تمّ تطبيقها واللجوء إليها على الجبهة الشمالية بعد الخروج من لبنان سنة 2000، فقد عرفت باسم "النظرية"، وتعني: تصميم نوع من العلاقة مع حزب الله للوصول إلى حالة من الردع الذي يمنع تدهور الوضع معه. انطلاقاً من الفهم بأن أي حادث محلي، كخطف جندي مثلاً، من شأنه أن يفتح الباب بصورة سريعة على معركة ذات تبعات وتأثيرات استراتيجية.

النتائج التي ترتبت على تلك السياسة كانت بسيطة وسهلة؛ فجهاز الأمن طُلِبَ منه التعامل مع الوضع بصورة لا تؤدي لإشعال الجبهة، وفي الوقت الذي قام فيه الحزب بعمل مكشوف ضدّ إسرائيل، بصورة أو بأخرى، استلزم الأمر رداً إسرائيلياً محدوداً، حتى من خلال النيران المضادة، شرط ألا تؤدي لتصعيد الوضع. وهذه السياسة جعلت الحزب معنياً باستدراج إسرائيل لتصعيد عسكري، أكثر من كونها سياسة تخدم الجيش الإسرائيلي، وبذلك جاءت السياسة لتمنع تحقق الهدف الخاص بها.

على سبيل المثال، بعد محاولة الاختطاف من قرية الغجر في نوفمبر 2005، أعلن رئيس الهيئة العامة للأركان أن الحزب حاول من خلال عمليته تلك "كسر الأمر الواقع على طول الحدود الشمالية"، وجاء التصرف الميداني المكثف لقيادة المنطقة الشمالية لإحباط خطة

الحزب، ومنع تدهور الوضع.

كان هناك أساس منطقي لهذه السياسة، تراوح ما بين الرغبة بمنع فتح جبهة عسكرية إضافية في الوقت الذي كان فيه الجيش الإسرائيلي مشغولاً برمته في حرب الضفة الغربية وقطاع غزة، ولم يتدرب بعد أو يتجهز عسكرياً كما ينبغي لمواجهات عسكرية من هذا النوع مع الحزب، وبين الرغبة لمنع مواجهة عسكرية واسعة وفق معطيات سياسية واقتصادية غير مريحة بالنسبة لإسرائيل.

لكن الجوهر الأساسي لهذه السياسة قضى بـ"لجم الجيش بصورة تكتيكية"، من خلال:

1. تجميد عمل الوحدات العسكرية في منطقة الجليل.
2. سحب دوريات الجيش للوراء.
3. تقليص حجم العمليات العسكرية ونوعها على طول الحدود.
4. عدم استكمال نشر الوسائل التكنولوجية في منطقة الحدود.
5. الضعف الذي اعترى الشبكة الاستخبارية هناك.

وجاء المعنى الحقيقي لتهديد الاختطاف، ببساطة، بسبب عدم إبعاد الجنود عن مناطق الاختطاف المتوقعة، وبسبب عدم التطرق لإبداء الرأي حول التبعات الميدانية لتلك السياسة.

وفضلاً عن المسّ بالسيادة السياسية لإسرائيل على طول الحدود، وتقليص حجم قوات الجنود على خط الحدود، فقد نقل الجيش المواطنين والجنود لمقدمة الجبهة، في تعريض خطير وعالٍ لإمكانية وقوع حادث الاختطاف. وبالتالي، فإن أي محاولة للمسّ بقدرات الحزب، لمنعه من تنفيذ محاولات الاختطاف، أو ردعه عنها، لم تُدْرَس إطلاقاً!.

وفي مقابل تقوية حزب الله لمكانته العسكرية على الجانب الثاني من الحدود، تراجعت العمليات التكتيكية التي دأب الجيش الإسرائيلي على القيام بها. وهناك من رفض هذا التراجع، ورآه مبرراً للحزب دفعه للإقدام على خطوة خطف الجنديين في شهر يوليو، ومع ذلك لم يستطع أولئك الرافضون إحداث تغيير ما يذكر[12].

---

[12] حتى أن رئيس الهيئة العامة للأركان، وفي التحقيق الذي حصل لمعرفة أسباب محاولة الخطف في تشرين الثاني/ نوفمبر 2005، رسخ معالم الخطة العملياتية المسماة "هانيبال"، للرد على حادثة اختطاف. وهي بالمناسبة لا تكفي للرد المطلوب السريع أمام تلك التهديدات، لكن رئيس الأركان طلب "اختبار الخطة العملياتية"، لأنه في حادث اختطاف تموز/ يوليو 2006، لم يتوفر الرد المطلوب.

بغض النظر عما سبق، فمن الواضح أن التعليمات التنفيذية، والاستعداد الميداني لحوادث الاختطاف ترافقت مع طبيعة الأجواء السياسية – الاستراتيجية، التي بقيت حتى وقوع حادثة الاختطاف تطالب بإسكات الجبهة.

بالإضافة إلى أن المعطيات الميدانية التي تمثلت بالتواجد اللصيق على طول الحدود من قبل الحزب، والمعاناة التي تحملها الجيش الإسرائيلي في تلك الجبهة، وعدم استكماله لنشر الوسائل التكنولوجية على طول الحدود لتعويض عدم تواجده المادي؛ أنتجت وضعاً جعل من حادثة الاختطاف مسألة وقت ليس أكثر.

كما أن الكاميرات التصويرية لم يتمّ نشرها وتشغيلها بالشكل الملائم، لا سيّما في المنطقة التي وقعت فيها حادثة الاختطاف، فقد توفرت في بعض المناطق الإمكانية لدى الجيش للتغلب على المخاطر المحتملة باستخدام الوسائل التكنولوجية. وبالتالي ليس هناك من يُسلِّم بالمزاعم القائلة بأنه في عهد التقدم التكنولوجي والأقمار الصناعية، ليس هناك من رابط بين النقاط المتباعدة مئات الأمتار أو الكيلومترات المعدودة عن بعضها البعض، وهنا بالضبط أثّر التوجه السياسي سلباً على حجم الاستعداد الميداني العسكري في تلك المنطقة.

وبالإضافة للمسّ بعمليات الجيش، من الجدير بالذكر الإشارة إلى أن الحكومة لم تُجْرِ أي نقاش مركز يتابع الآثار المترتبة على السياسة التي اتبعتها على طول الحدود، والتي أثّرت سلباً على استعداد الجيش وأهبته على الحدود الشمالية.

في نهاية الأمر، يمكن القول إن الاستعداد الذي أبداه الجيش على طول الحدود، وطبيعة العمليات الميدانية في ضوء مخاطر الاختطاف، لم يوفرا الردّ العملياتي والاستخباري المتوقع لمواجهة ذلك التهديد وتبعاته المفترضة.

توصيات اللجنة: اللجنة تحذر من مغبة تكرار وضع ناجم عن قرار سياسي – استراتيجي شرعي، اتخذه المستوى السياسي، لكنه أثر بدوره على الجيش وأسهم بلجمه وتقييده عن القيام بدوره المنوط به من الناحيتين: التكتيكية والفعالة.

وبالرغم من ضبط النفس الذي أبداه الجيش بناء على توصية الحكومة، عبّر وزير الدفاع بقوله: كان من واجب الجيش، أسوة بباقي الأذرع الأمنية وفي مجالات مسؤولياتها، أن تُوضِّح لصناع القرار، مدى التأثيرات العملية المتوقعة لقراراتهم

على قدرات قواتنا أمام العدو.

وهنا من واجب الحكومة، انطلاقاً من صلاحياتها، الاستماع لكل هذه التوصيات والملاحظات، وأخذها بعين الاعتبار وأن تبدي احتراماً كبيراً لها. وهنا من المفضل منح المستوى الميداني العملياتي للجيش وباقي الأذرع الأمنية، الهامش المطلوب لها، على الأقل في المستوى التكتيكي.

وبغض النظر عن طبيعة الاستعداد الذي أبدته قيادة المنطقة الشمالية خلال السنوات التي سبقت حادثة الاختطاف في تموز / يوليو 2006، فإن التاريخ الطويل لإسرائيل ودول أخرى مشابهة لها، يشير إلى أمثلة عديدة حول تدخل المستوى السياسي في الأداء العسكري، الذي في معظم تلك الحالات أثّر سلباً على عمليات الجيش.

في ضوء ذلك، نوصي بضرورة أن تبدي الحكومة حذراً شديداً تجاه "اقتحامها" للتفاصيل العملياتية للمجالات المهنية، التي هي أصلاً من صلاحيات الأجهزة التنفيذية ومسؤولياتها، حتى لو لم تقم الحكومة بذلك بصورة مقصودة ومباشرة. ولذا، من الممكن القيام بسياسة حذرة جداً على طول الحدود الشمالية، من الناحية التكتيكية، لكنها فعالة، سواء على صعيد العمليات الميدانية المؤثرة، أو من خلال استخدام الوسائل التكنولوجية، بحيث لا تصبح سياسة ناعمة يمكن خرقها بسهولة من قبل العدو.

وفيما يتعلق بحجم الاستعداد "التكنو–تكتيكي" على طول الحدود، يجب التسليم بضرورة نشر الأجهزة التكنولوجية المطلوبة في تلك الجبهة، والقيام بسلسلة من العمليات الاعتيادية والتنفيذية، التي توفر إجراءات دفاعية فعالة، مغبة تحقق كابوس الاختراق للأراضي الإسرائيلية. وهنا يجب الانتباه جيداً لما يمكن أن يحدث في حالات مشابهة على طول الجدار الحدودي، كالاصطدام بحقول الألغام، والدوريات البرية والجوية.

كما يجب التنسيق الميداني الكامل، وتأمين التواصل المكثف والفعال مع القوات الميدانية الفاعلة، والدوريات المسيرة على طول الحدود، والاحتفاظ بقوات عسكرية جاهزة للتدخل السريع في كل لحظة يشتبه بحدوث طارئ ما على الحدود.

ملاحظة مهمة: توصياتنا في هذه النقطة خاصة بجميع حدود إسرائيل مع جيرانها.

احتمالات الردّ الإسرائيلي على حادثة الاختطاف

في أعقاب هجوم حزب الله، واختطاف الجنديين، اجتمعت الحكومة في لقاء طارئ بغرض الاتفاق على طبيعة الردّ الإسرائيلي. وفي ختام اللقاء، قررت الردّ بصورة قاسية، وبشكل هجومي وصعب ضدّ مصممي تلك الهجمات، والمصادر المسؤولة عنها في الحزب.

الحكومة قررت من جهتها تنفيذ عملية عسكرية، جرى إطلاق وصف "تغيير الوجهة" عليها، وفي وقت لاحق حددت من خلال اجتماعات مقلصة الأهداف المقترحة للضرب العسكري.

ومع ذلك، وفي غمرة اتخاذ الحكومة لقراراتها، غاب الجدول الزمني عنها، وافتقدت العمليات شرط طبيعة الأهداف المقترحة، وشروط الإعلان عن انتهائها. وبالرغم من ذلك، صادقت الحكومة على "النظرة الاستراتيجية"، وفقاً لما قدمه الجيش الإسرائيلي لعملياته العسكرية.

إن إجراء تحقيق تفصيلي للاحتمالات التي تراءت أمام صانع القرار في إسرائيل، فور حادثة الاختطاف، يشير إلى وجود ثلاثة احتمالات وبدائل أساسية للتعامل مع حادثة الاختطاف، وهي على النحو التالي[13]:

1. البديل الأول: وجاء مصحوباً بالتفاصيل الآتية:

أ. عملية عسكرية محدودة، دون إدخال قوات برية داخل الأراضي اللبنانية.

ب. جهود سياسية ودبلوماسية لكي تعبر إسرائيل عن تذمرها، ورفضها لحادثة الاختطاف، وفي محاولة للتأثير و / أو نقل رسائل إلى سورية، ولبنان، وحزب الله.

ج. الدخول في مفاوضات غير مباشرة مع الحزب، لتحرير الجنود في إطار صفقة تبادل.

كانت هذه هي الخطوط العامة التي حكمت الردّ الإسرائيلي في أعقاب اختطاف حزب الله للجنود الثلاثة في جنوب لبنان في أكتوبر 2000، وهي خيارات ترسخ السياسة ذاتها، التي انتهجتها إسرائيل تجاه لبنان في السنوات الأخيرة. وكان واضحاً أن الحزب استعد جيداً

---

[13] طريقة العمل التي قدمتها الهيئة العامة للأركان، وطبيعة تقديم البدائل في أعقاب حادثة الاختطاف عبرت عن نهج تقليدي كلاسيكي للسلوك الميداني الأمني الذي يمثله "مجلس الأمن القومي".

للرد الإسرائيلي على هذه الشاكلة قبيل انطلاقه لتنفيذ الاختطاف.

وكان واضحاً أنه مقابل الردّ الإسرائيلي "المحدود"، سيقوم الحزب بالردّ بصورة نسبية، في محاولة لإعادة الأمور إلى ما كانت عليه قبيل اختطاف الجنود. وفي محاولة لإجراء حساب سريع حول إيجابيات وسلبيات هذا البديل، يتضح جيداً أن الحكومة سعت من وراء انتهاجه لتحقيق التالي:

أ. المحافظة على حالة الهدوء عند الحدود الشمالية، على المدى القصير.

ب. "الثمن" المنخفض نسبياً الذي ستضطر لدفعه في حياة البشر والموارد.

ومع ذلك، فإن سلبيات هذا البديل تتضح على النحو التالي:

أ. إصابة قوة الردع الإسرائيلي في مقتل، عقب مقتل ثمانية جنود، واختطاف جنديين، والامتناع عن توجيه ردّ مؤلم.

ب. ترك تهديد حزب الله يتنامى، خاصة قوته العسكرية، ونشر مقاتليه على طول الحدود مع إسرائيل، وتعاظم مدى القذائف الصاروخية، وإفساح المجال أمامه لحرية الحركة، العسكرية والسياسية، وموقفه السياسي داخل البلد.

ج. نتيجة لذلك، تراجع الردّ الإسرائيلي ضدّ الحزب، للحفاظ على الوضع الراهن.

حسب رأي اللجنة، فإن سلبيات هذا البديل حسب ما قدمت أعلاه، تفوقت بصورة واضحة على إيجابياته. ومع ذلك، كان بالإمكان الخروج منه بعملية عسكرية هجومية أكثر من سابقتها، عبر توجيه ضربة جوية قاسية ومركزة، كما حصل في العملية الاستباقية التي قامت بها إسرائيل على أجهزة إطلاق الصواريخ المتوسطة وطويلة المدى التابعة للحزب، و/ أو مهاجمة أهداف في سورية، بجانب المسّ الميداني بشبكة المواقع العسكرية التابعة له المنتشرة على طول الحدود.

عملية من هذا النوع خطط لها بصورة مسبقة، وكان من المفترض أن تستمر عدة أيام، دون اللجوء لعملية برية ذات قيمة عالية، بجانب "الخروج سياسياً" سريعاً من خلال التنسيق مع الأمم المتحدة، والمجتمع الدولي؛ سيكون لها جدوى كبيرة، فيما لو تمّت، كما أنها كانت ستتفوق على تلك العملية التي سبقتها. وما من شك أنه كان بإمكانها تطوير السياسة ذاتها التي انتهجتها إسرائيل سابقاً، وإرسال رسالة ردعية واضحة للحزب، ولسورية أيضاً.

إضافة لذلك، كان بالإمكان الوصول لحالة وقف إطلاق النار بعد مرور عدة أيام من خلال التدخل الدولي، في ضوء أن "ثمن" العملية العسكرية ليس كبيراً حتى اللحظة. فضلاً عن قدرة الجيش الإسرائيلي، آنذاك، لتحقيق توازن جيو-سياسي مع حزب الله.

جوهر النقص الذي اعترى هذا البديل تمثل في غياب هدف المسّ بصورة حيوية بقدرات حزب الله العسكرية[14]، في ضوء الخطر الداهم الآتي من قبله، الذي سيقوم برد، قادم لا محالة، يستدرج فيه إسرائيل لعملية عسكرية ليست مستعدة لها بالصورة المطلوبة، أو أن تتلقى الجبهة الداخلية ضربات مؤلمة خلال مجريات هذه الحرب.

أخيراً، كان بالإمكان تحصيل إنجازات مجدية من عملية عسكرية هجومية، وبـ "ثمن" منخفض نسبياً، لكن ذلك صاحبه تخوّف من تدهور الوضع بصورة غير مرضية، و/أو فرض واقع سياسي غير مريح لإسرائيل.

2. **البديل الثاني**: الذي يقترب من البديل الأول، ويضاف إليه عنصر آخر، يتمثل في إعداد القوات العسكرية والجبهة الداخلية، تحسباً لعملية عسكرية واسعة ضدّ حزب الله في موعد مستقبلي لاحق. هذا البديل تضمن توقفاً إسرائيلياً عن السياسة التي انتهجتها الحكومات المتلاحقة على الحدود اللبنانية. ومع ذلك، شكلت تواصلاً لسياسة "ضبط النفس"، التي اتضحت في عدم الرغبة بتوجيه ضربة عسكرية كبيرة قد تضطر الدولة لعملية كبرى.

كما أن هذا البديل يمنح قوات الجيش فرصة البقاء على الحدود، وتهيئة الجبهة الداخلية والدوائر السياسية للمواجهة القادمة. وتمثلت الجدوى الوحيدة لهذا الخيار بأنه حتى لو اندلعت مواجهة عسكرية، فإن التفاصيل التي ستحتويها ستأتي لاحقاً عند الحديث عن البديل الثالث.

إضافة لذلك، يجب الافتراض عملياً أنه عند حدوث أي مواجهة مستقبلية سيجد الجيش الإسرائيلي والأوساط السياسية أنفسهم مستعدون لها وفق معطيات مختلفة.

في المقابل، فإن سلبيات هذا الخيار تقترب من سلبيات الأول، خاصة بكل ما يتعلق

---

[14] في الماضي، حاولت إسرائيل توجيه ضربات محدودة لحزب الله من خلال تركيبة معقدة من توجيه النيران، في عملية "تصفية الحساب" سنة 1993. وفي عملية "عناقيد الغضب" سنة 1996. وتلك التجارب تشير إلى جدوى موضعية مؤقتة، ولكنها لم تفلح في إحداث تغيير استراتيجي أمام حزب الله.

بالتبعات والآثار قصيرة المدى الناجمة عن الردّ الإسرائيلي المفترض. وثمة سلبية أخرى تتمثل في تأجيل المواجهة العسكرية القادمة لموعد لاحق غير معلوم، فيما قوة حزب الله تتنامى وتتعاظم.

هذا الخيار أيضاً، وإضافة لما تقدم، وضع علامة استفهام كبيرة حول توقيت التغيير المتوقع للواقع السيئ أمام حزب الله، وهو تغيير تمّ تأجيله بالنظر للمفاوضات حول استعادة المختطفين، والافتقار لليقين اللازم حول التطورات الجيو–سياسية الإقليمية.

خيار كهذا، كان بإمكانه أن يكون مصاحباً لقرار حكومي إسرائيلي بتوجيه ردّ "هجومي وقاسٍ" ضدّ الحزب، حتى لو تمّ تأجيل هذا الردّ لموعد غير معلوم.

3. **البديل الثالث**: ويكمن في القيام بجولة من المعركة العسكرية والسياسية. الإيجابية الأكثر وضوحاً لهذا الخيار، تتمثل في عدم توقعها، والقدرة على تدمير قوة الردع لدى الحزب؛ بحيث إن كسر ردعه أتى بصورته الواضحة عبر الرغبة بتوجيه ضربة عسكرية قاسية، واستهداف جهاز إطلاق القذائف الصاروخية المتوقع استخدامه للردّ على إسرائيل[15].

وبعكس حالة الاختطاف التي وقعت عام 2000، فإن الظروف الجيو–سياسية الإقليمية والعالمية، تفهمت طبيعة الرد الإسرائيلي الهجومي القاسي، من خلال المعطيات التالية:

أ. سنة 2000 كانت إسرائيل في ذروة المفاوضات السلمية مع سورية والفلسطينيين.

ب. حادثة الاختطاف جاءت بعد وقت قليل من خروج قوات الجيش من القطاع الأمني.

ج. بدء المواجهات الميدانية في الضفة الغربية وتفاقمها.

د. سورية تسيطر على لبنان من خلال تواجدها العسكري على أراضيه.

في المقابل، في سنة 2006، وقع حادث الاختطاف في ظلّ معطيات أخرى، أهمها:

أ. انسحاب القوات السورية من لبنان بعد أحداث أيلول/ سبتمبر 2001، التي رفعت من حدة الحرب العالمية ضدّ الإرهاب.

ب. الاحتلال الأمريكي لأفغانستان والعراق.

---

[15] التصريحات التي أدلى بها أمين عام حزب الله، حسن نصر الله، ومساعده نعيم قاسم، بعد انتهاء العمليات الحربية، من أنهم لم يتوقعوا ولو بنسبة 1% أن يكون ردّ إسرائيل على هذا النحو التدميري، ولو توقعوا ذلك لما أقدموا على حادثة الاختطاف، تدلّ بصورة واضحة على حجم المفاجأة الكبيرة التي ألمت بهم جراء الردّ الإسرائيلي، وتدل على فهمهم لحقيقة أن الضرر الذي أصابهم يفوق كثيراً حجم الجدوى التي حصلوا عليه من اختطاف الجنديين.

ج. ممارسة مزيد من الضغوط على سورية وحزب الله على الصعيد الدولي.

د. عند وقوع الحادثة، كان الاقتصاد الإسرائيلي يمرّ في أفضل حالاته، حيث إنه استطاع أن يوفر دعماً اقتصادياً لتلك المواجهة العسكرية المتواصلة.

ه. بروز حالات من الضعف الملحوظ على حالة العمل المسلح الفلسطيني، في الضفة الغربية، بنسبة كبيرة.

و. حصول حالة الاختطاف بعد أسابيع قليلة من حادثة اختطاف مشابهة للجندي جلعاد شاليط على حدود غزة، مما رفع من حالة الدعم والتضامن الدولي بجانب إسرائيل ضدّ المنظمات المسلحة التي تخوض معها حرب عصابات.

في ضوء تلك الاعتبارات، فإن افتتاح جبهة عسكرية ثانية في لبنان في صيف 2006، جاءت في ظروف سياسية مناسبة أفضل من سابقتها، ويشهد على ذلك حجم الدعم الدولي غير المسبوق الذي حظيت به إسرائيل خلال أيام الحرب، والذي تضمن دعماً عربياً[16].

وداخل المجتمع الإسرائيلي، حظي قرار الخروج لعملية حربية عسكرية واسعة، وتوجيه ضربات مؤلمة للسكان اللبنانيين، بدعم وتأييد كبيرين.

وبالإضافة لمحاولة تغيير الوضع القائم، وتوجيه ضربة لقوة ردع حزب الله أمام إسرائيل، مكنت هذه العملية العسكرية الواسعة من توجيه ضربة قاسية وعميقة لقوة الحزب، إلى أن تمّ تحييد قوات الكادر البشري الذي يمتلكه، وإزالة معظم التهديدات التي تحياها مناطق شمال البلاد، الآتية أساساً من القذائف الصاروخية.

وبالتالي فإن خيار الخروج للعملية العسكرية، وما تعنيه من تبعات مختلفة، يلغي من الأساس فكرة أن يتمّ استدراج إسرائيل لحرب رغماً عن أنفها عقب الردّ القادم من الحزب، ولذا فإن نجاح العملية سيحقق ردعاً إسرائيلياً بعيد المدى أمام حزب الله، وسورية، وحتى إيران.

سلبية هذا البديل تمثلت في الخروج للمعركة العسكرية دون التحضير الميداني والتنفيذي الجيد لها، وتوفير الدعم اللوجستي اللازم لنجاحها، وتحضير الجبهة الداخلية لمواجهة

---

[16] معلم واضح من هذا الدعم جاء على لسان قمة G8، التي اجتمعت في سان بطروسبورغ في روسيا، في الأسبوع الأول للحرب.

متوقعة مع حزب الله[17].

كما يجب التنويه لملاحظة غاية في الأهمية، وهي أن مواجهة عسكرية أمام الحزب جاءت في معطيات ناسبت الجيش الإسرائيلي أكثر من سواه، ومنها:

أ. القتال جرى في ساحة جغرافية ضيقة.

ب. القتال تمّ مقابل عدد صغير نسبياً من مقاتلي العدو.

ج. المعركة وقعت في إطار حرب كاملة منحت الجيش حرية عمل واسعة.

لذا كان من الطبيعي التوقع بأن قتالاً في ظلّ ظروف كتلك الواردة أعلاه، سيعني بالتأكيد أن يد الجيش الإسرائيلي ستكون العليا.

وثمة عنصر آخر إضافي جاء لمصلحة إسرائيل، تمثل في توازن القوات العسكرية، في ظلّ عدم تحضير حزب الله نفسه جيداً لمواجهة عسكرية ملأى ومتكاملة بعيد حادثة الاختطاف.

ما من شك في أن هذا البديل مثل "الكنز" الذي يناسب القوى البشرية، والتخزينات العسكرية للجيش، والمجتمع الإسرائيلي بصورة عامة. كما بات من الواضح، أن اللجوء لمثل هذا الخيار يحتم الذهاب باتجاهه خلال وقت قصير بعد حادثة الاختطاف، في ظلّ أن المعطيات الجيو-سياسية التي رآها الجميع لم تكن لحظية، وبالتالي فإن "الديناميكية" الدولية لن تستطيع بالتأكيد الانقطاع عن الحادث الآني المتمثل بالاختطاف.

خلال الفترة الزمنية القصيرة هذه كان مطلوباً من الحكومة إعلان "إنذار" حازم للحزب لاستعادة الجنود المختطفين، حتى لو ضمن صفقة تبادل مقلصة ضيقة، مع أن تجارب الماضي تُعلِّمنا أن هناك شكوكاً كبيرة بإمكانية استعادة الجنود باستخدام هذه الوسيلة المحدودة.

بغض النظر عما ورد، فإن تأجيل الهجمة العسكرية كان من شأنه منح الحزب فرصة زمنية للإعداد والتهيؤ بصورة أفضل لقواته ووسائله القتالية، والفائدة التي استطاع إنجازها (وهو تنظيم صغير وسري ليس مسؤولاً عن مهام مكشوفة على طول الجبهة اللبنانية) من تأجيل المعركة الإسرائيلية، تفوق الفوائد التي جنتها إسرائيل، الدولة القائمة

---

[17] كما سيتضح لاحقاً، في الفقرات التفصيلية، فقد وجد الجيش الإسرائيلي نفسه يوم حادثة الاختطاف في أضعف مستويات تأهيل قواته، وإعداد الخطط العسكرية، وقوة الاستخبارات.

على المأسسة مع جيش كبير، ومسؤوليات منتشرة على طول الجبهة المدنية الداخلية.

أخيراً، بقي الخيار الثالث يشكل الفرضية الأكثر توقعاً، الذي من شأنه أن يؤدي لإحداث تغيير أساسي في موازين القوى السائدة، ومعطيات الردع، بين إسرائيل وحزب الله، وعناصر أخرى إضافية. ولذا كان من الطبيعي ترجمة الخيار ميدانياً عبر توجيه عملية عسكرية إسرائيلية هجومية، وما حظيت به هذه العملية من دعم دولي واسع، من شأنه تغيير طبيعة الوضع السياسي القائم مع لبنان. بمعنى آخر، فإن اللجوء لهذا الخيار كان يعني استغلالاً ناجحاً لمختلف المعطيات السياسية ─ الدبلوماسية، الإقليمية والعالمية التي تحققت عشية يوم الاختطاف.

كما أن هذا الخيار فُهِمَ على أنه تنفيذ لقرار الحكومة المتمثل بـ"توجيه رد هجومي قاسٍ ضدّ منفذي العمليات، والمصادر التي تحركها وترسلها". وبالتالي جاء تفضيله ليشمل عناصر ونقاط تجعله مقدماً على خيارات أخرى تحقق أهدافاً على المدى القصير.

وبالرغم من عدم الاستعداد الكامل والوافي لمواجهة مع حزب الله، كانت موازين القوى العسكرية العامة عشية بدء الحرب، لصالح إسرائيل بصورة واضحة.

وفي نظرة للوراء، يمكن القول بثقة إن طريقة العمل التي اتبعت في ميدان المعركة تمثلت بالمسافة الواصلة بين الخيار الأول في مستواه الأعلى، وبين الخيار الثالث، من خلال ضربات جوية مكثفة، ودون "خروج سياسي" سريع، ودون توسيع رقعة العمليات الحربية إلى مدى أوسع، بهدف تحديد الضربات المميتة لقوات الحزب. وهكذا، عمل الجيش الإسرائيلي، عبر توجيه أقسى الضربات الجوية لأهداف الحزب، لكنه في المقابل قام بـ"تبذير" عامل الوقت في إدخال عنصر القوات البرية لساحة المعركة، سواء من جهة إعدادها، أم حتى إدخالها فعلياً.

وهكذا، نشأ وضع غابت فيه الفكرة العملية الحربية الواضحة، مما شكل وضعاً مماثلاً جداً للحزب؛ فمن خلال بدء العملية العسكرية كـ"مهمة"، ووصولاً لنهايتها تحت اسم "حرب"، يتضح بشكل واضح فقدان الوجهة لتقدير طبيعة هذه العملية العسكرية، مما كان له أثر سلبي بالتأكيد على تحديد أهداف الحرب وتحقيق أهدافها.

خطط وعمليات تنفيذية

الخطط التنفيذية:

عشية الحرب كانت هناك خطة عسكرية جاهزة لدى قيادة المنطقة الشمالية باسم "حماية البلاد"، وقد أعدت وصممت لمواجهة عسكرية واسعة مع حزب الله، وكانت من الناحية الرسمية قيد العمل، ولكنها لم تكن تصلح لخوض مواجهة في هذه الجبهة العسكرية على الحدود الدولية، للأسباب التالية:

1. خروج الجيش الإسرائيلي من لبنان، وتمركزه على الحدود الدولية سنة 2000.
2. خروج الجيش السوري من لبنان سنة 2005.
3. تنامي قوة الحزب، خاصة من التعاظم العسكري، وأجهزة إطلاق الصواريخ.
4. التهديد باختطاف الجنود الذي بقي ماثلاً على الحدود الشمالية، مما جعل من هذه الحدود مجالاً دائماً للاحتكاك الذي وصل ذروته في مرات عديدة.

هذه التغييرات التي حلت بالبيئة الاستراتيجية، وعلى الجبهة الشمالية، ألزمت الجيش بضرورة "تحديث" الخطة، أو إجراء تقييم من جديد. ولقد تزامن ذلك مع دخول الجيش للحرب، وكان بالتالي دون خطة عسكرية كاملة، ومحدثة، ومسموح باستخدامها لاحتمال مواجهة من هذا النوع أو ذاك مع لبنان / حزب الله.

خطتان فقط كانتا بحوزة الجيش وما زالتا في مرحلة الإعداد، لا سيّما تلك التي أعدت قبيل عام واحد من الحرب باسم "كسر الجليد"، لاحتمال افتتاح مواجهة عسكرية على الحدود الشمالية، وتوقع ردّ إسرائيلي محدود. وهناك الخطة الثانية باسم "مياه عكرة"، التي أعدت لردّ عسكري هجومي.

علماً بأن خطة "مياه عكرة" تمّ التدرب عليها بصورة جزئية في إطار تدريبات "تبادل الأذرع" عشية الحرب الأخيرة، لكنها لم تصل لمرحلة الإقرار والموافقة النهائية على يد رئيس الهيئة العامة للأركان.

كما أن باقي الخطط الأخرى؛ "كسر الجليد"، و"حماية البلاد"، افتقرت لمركبات أساسية يجب أن تشملها أي خطة عسكرية، دفاعية كانت أم هجومية، ومن أهم أوجه النقص فيها:

1. التعرف على قدرات العدو.
2. كيفية تحقيق الأهداف.
3. تدريب القوات على الخطط.
4. الجهود الأمنية والاستخبارية.
5. حجم التنسيق بين الأذرع العسكرية.

وخلال تدريب للجيش أُجري في حزيران / يونيو 2004، في توقع لتصعيد عسكري على الحدود الشمالية، تبين كم كانت الجبهة الداخلية عرضة للهجمات الصاروخية، ولارتفاع حدة الإشكاليات الخاصة بالنيران المضادة، على حساب التدريبات البرية الميدانية. خلال ذلك التدريب لم تُجرَ التمارين على الوسائل القتالية الكبيرة، ولم تُعطَ القوات البرية مهام واضحة يبدو من المقبول تنفيذها وتحقيقها.

كما أن تدريب "تبادل الأذرع" كشف عن نظريات عسكرية جديدة مختلفة، عدّها الجيش جزءاً من آلية العمل الجديدة، كتفعيل جبهة القتال بصورة مستقلة، عبر إنتاج وسائل فعالة ميدانية، لم تكن جاهزة بعد خلال وقت الحرب. وحسب هذا التدريب، فإن النتيجة الأكثر أهمية التي ظهرت منه، كانت الحاجة لتنفيذ عملية برية لمحاولة إبعاد قذائف "الكاتيوشا" المتواصلة على الجبهة الداخلية، وبالتالي استهداف صلب القوة العسكرية لحزب الله.

وفي ظلّ غياب الخطة الهجومية المتفق عليها بعد أن يتمّ تحديثها، وفي ضوء الفجوات الواسعة في إعداد القوات العسكرية، والوسائل القتالية، والتعليمات الإدارية، فقد عُدّت العملية فشلاً ذريعاً وخطيراً لقيادة المنطقة الشمالية وهيئة الأركان على حدٍّ سواء.

الفشل الأكثر خطورة تمثل، بالإضافة لما سبق، بأن المواجهة على الجبهة اللبنانية مع حزب الله كانت متوقعة بنسبة عالية جداً، واتضح هذا الفشل، للأسف الشديد، عبر التعليمات الخاطئة التي وصلت القوات العسكرية خلال الحرب، لا سيّما تلك التي وصلت من المستويات القيادية الأعلى في الجيش، بالإضافة إلى افتقاد الإدارة الحربية للمنطق العملياتي، الذي لم يتحقق بصورة واضحة في هذه العملية.

وهكذا، فإن المبادئ المركزية الأساسية في الخطط الهجومية لم يتمّ تنفيذها حتى المرحلة النهائية من المعركة.

الرؤية الاستراتيجية:

الرؤية الاستراتيجية التي تمّ تقديرها في الجيش الإسرائيلي إثر اختطاف الجنديين، وتمت المصادقة عليها من قبل الحكومة، تشير بشكل واضح إلى طبيعة الفكرة الموجودة لدى الهيئة العامة للأركان، خاصة بالنسبة للأهداف والمهام التي أرادت تحقيقها.

بعبارة أخرى، فإن الرؤية كان مطلوباً منها الوصول لوضع مُرضٍ لإسرائيل مع نهاية الحرب.

وإليكم مركبات الرؤية الاستراتيجية التي أُقرت من قِبَل الحكومة، وصادقت عليها:

1. تعميق الردع الإسرائيلي بصورة واسعة، ومصممة بطريقة تلائم طبيعة العلاقات السياسية المستقبلية مع لبنان.

2. وقف الأعمال الإرهابية من داخل الأراضي السيادية اللبنانية المتجهة لإسرائيل، عبر ممارسة الضغوط على نظام الحكم في لبنان، والمجتمع الدولي لممارسة مسؤولياته السياسية، وبصورة إجمالية بسط سيطرته الأمنية على الجنوب اللبناني.

3. ممارسة أقسى أنواع الضغط على حزب الله لاستعادة الجنود المختطفين.

4. كل ذلك، بالتوازي مع توجيه ضربة قاصمة ضدّ الحزب، ومنع محاولات ترميم قواته، وتقليص التأثير والتدخل الإيراني قدر الإمكان.

5. إبقاء سورية خارج مجريات المعركة، والحدّ من تدخلها في الساحة الفلسطينية.

إن تحقيق هذه الرؤية الاستراتيجية بدا للعيان أمراً شديد الوضوح، حين قام الجيش بتفعيل طريقة العمل الجديدة، مما اعتبر أحد التغييرات الجوهرية الجديدة والمفيدة، في التفكير الاستراتيجي، كما كان واضحاً عند اكتشاف عدد من الأخطاء التي اعترت تطبيقها.

وكما يتضح، فإن عدداً من الإشكاليات التي اعترت الرؤية، لها علاقة بالوضع السياسي، لا سيّما وأن التأثيرات السياسية المتوقعة لم تكن متضمنة فيها، بما في ذلك محاولة تصميم شكل خاص للعلاقات السياسية مع لبنان، وتفعيل دور المجتمع الدولي للإتيان بالحكومة اللبنانية للجنوب، وممارسة سيادتها هناك. كما أن تحقيق تلك المركبات الواردة أعلاه، قد لفت أنظار قلة قليلة من المطالبين بعدم إبقاء العملية العسكرية "طاهرة"، بعيداً عن أي آثار سياسية.

إن انشغال الجيش، كمستوى مهني متخصص، جاء منطلقاً من استراتيجيته العسكرية، لا سيّما في المستويات العليا المنهمكة بصورة دائمة في التفكير والتخطيط العملياتي.

الثغرة الأكثر إحراجاً في هذه النظرة تمثلت في الجوانب غير العسكرية، التي تجلت في افتقادها لتحديد شكل معين للعملية العسكرية خلال حرب لبنان الثانية. وبالتالي من الطبيعي أن نسأل عن تكيف هذه النظرة الاستراتيجية العسكرية، ومدى نجاحها في تحقيق الأهداف التي حددت لقيادة الجيش من قبل المستوى السياسي. علماً بأن هذه المهمة الاختبارية لا تأتي من قبل الجهة ذاتها المكلفة بتطبيق تلك النظرة الاستراتيجية، بل تأتي من قِبَل المستوى السياسي الذي يعلو نظيره العسكري؛ مما يكشف بصورة لا تقبل الشك طبيعة الخلل في بناء وميزان المسؤوليات والصلاحيات بين المستويين السياسي والعسكري.

كما أن النظرة ذاتها لم تفصل مركباتها حجم الفروق بين العملية العسكرية الصرفة، وبين الجهود السياسية الدبلوماسية، وفي ظلّ هذا الوضع قامت الحرب، واتضحت جوانبها غير العسكرية، لا سيّما وأن هناك أهدافاً صعبة حددت لها، لم يكن بالضرورة تحقيقها بواسطة وسائل عسكرية بصورة خاصة.

وجاءت صعوبة التعامل مع مركبات تلك النظرة انطلاقاً من أن العملية العسكرية، التي خرج بها الجيش لم تكن فعالة ومكثفة بما فيه الكفاية. وفضلاً عن ذلك، وقعت هناك فجوة كبيرة بين بنود النظرة الاستراتيجية المعدة سلفاً، وبين المطالب الأساسية المطلوب إنجازها خلال هذه الحرب، والمبادئ الأمنية الإسرائيلية.

ويمكن العثور على عدد من الأهداف التي حددتها النظرة الاستراتيجية، تمثلت بما يلي:

1. إحداث خلل كبير في القدرة الهجومية لدى حزب الله.
2. إزالة التهديد الصاروخي على الجبهة الداخلية.
3. تقصير مدة المعركة لحين إنجاز مرحلة الحسم.

كان من المفترض عند الانتقال من مرحلة لأخرى من مراحل الحرب، أن تقوم هذه النظرة الاستراتيجية بإعداد "قائمة" محددة للأهداف العسكرية المطلوب تحقيقها، لكن ما حصل هو شيوع حالة من البلبلة وعدم الوضوح.

أكثر من ذلك، فإن هذه النظرة ترجمت بصورة خاطئة لأفكار عملياتية للمعركة، دون

القيام بعملية "توأمة" مطلوبة بغرض تحديد كيفية إنجاز تلك المهام، مما جعلها في حالة ضبابية وغير واضحة بما فيه الكفاية.

ورافق ذلك التقدير غير الواضح في الإنجاز العملياتي المطلوب، وتقدير جداول زمنية غير دقيقة للمراحل المختلفة للمعركة، خاصة مع استمرار الحرب في الأيام التالية لاندلاعها. بالإضافة إلى أنه في جزء من الحالات خلال الحرب، برز عدد من الأهداف غير الواضحة والفعالة، مثل "إيجاد شعور بالخوف!" "إزالة التهديد بصورة ساحقة!"، وغيرها من العبارات والمفردات العامة التي لا طائل منها.

كما أن الهدف الأسمى المتمثل في وقف إطلاق القذائف الصاروخية، ظهر منذ بداية الحرب، وفق صيغ مختلفة مثل: تشويش، خرق، لكن الغريب أنه في الثامن من آب/ أغسطس فقط نجح الجيش في إبطال مفعول أجهزة إطلاق الصواريخ ومنصاتها تجاه إسرائيل.

على كل الأحوال، فإن الهدف المتمثل بإزالة تهديد حزب الله، وتحديداً تجاه الجبهة الداخلية، كان يجب أن يظهر منذ بداية الحرب، سواء من خلال النظرة الاستراتيجية أم من خلال الأهداف العسكرية، لأنه لو حدث ذلك فعلاً، لكان من الممكن أن تأتي إدارة المعركة مختلفة عما حصل.

طريقة العمل:

خلال السنوات العشر التي سبقت اندلاع الحرب الأخيرة، انشغل الجيش الإسرائيلي بتصميم "طريقة عمل" جديدة، الأمر الذي انبثق بصورة فعلية عقب التغييرات الأساسية التي بدأت تظهر تباعاً في أعقاب المواجهات التي انخرط فيها الجيش الإسرائيلي مؤخراً، سواء من خلال: الوسائل القتالية، أم طريقة العمل العسكري، أم البيئة الجيو-استراتيجية، وغيرها.

الطريقة التي بُدِئ العمل بها وفق منهج تنظيري أتت أواخر سنوات التسعينيات من القرن الماضي، ومع مرور الأيام مضت الطريقة تتحقق في أوساط الجيش وعملياته الميدانية، كما استمر العمل بها وفق رؤية مكثفة وفعالة خلال النصف الأول من العقد الحالي.

وقبل ثلاثة أشهر فقط من اندلاع الحرب، أصدر رئيس الهيئة العامة للأركان تعليماته بتبني الطريقة الجديدة، وأمر ضباط الجيش بـ"فهم، واستيعاب طريقة العمل، وتفعيل قواتهم العسكرية، وإعدادها لتحقيق أهدافها".

كما أن الكتاب الصادر عن الهيئة العامة للأركان مؤخراً بعنوان "نظرية التشغيل الخاصة بالجيش الإسرائيلي"، يتناول مختلف المستويات القيادية في المؤسسة العسكرية، ويناقش بصورة تفصيلية طبيعة العمليات العسكرية، ومبادئها، ومفاهيمها، على النحو الأكثر وضوحاً، وقد تمّ تعميم النظرية على جميع القيادات والضباط في الهيئة العامة للأركان، وصولاً لمختلف الضباط والمقاتلين في ميدان المعركة.

لن ندخل هنا لأعماق الطريقة الجديدة وتفاصيلها، لكننا سنحاول تلخيص أهم أسسها العامة؛ ومن أهمها: محاولة الوصول لوضع مقبول مقابل التغييرات التي طرأت على طبيعة الميدان القتالي، والقدرة على التكيف مع أي مستجدات قد تحدث خلال المواجهات المختلفة. ومن الطبيعي أن تتناول الطريقة الجديدة ما بات يعرف بـ"المواجهات المحدودة" و"الحروب منخفضة الوتيرة"، التي أشغلت الجيش بصورة مكثفة خلال السنوات الأخيرة. كما بحثت الطريقة الجديدة كيفية تشغيل قواتنا بالتوافق مع ما حصل من تغيير في الوعي المعرفي لدى الخصم، الذي واصل ضدّ إسرائيل كفاحاً مسلحاً مستمراً منذ سنين. كما تطرقت الطريقة للتفاصيل الدقيقة للتخطيط العملياتي الخاص بالمعركة، ومراحله المختلفة من تصميم، وتخطيط، وقيادة، ومحاولة ملاءمتها مع الأفكار الجديدة.

وطلبت الطريقة الجديدة من قيادة الجيش بالنظر للعدو على أنه "جهاز" معقد، والوصول معه لحسم نهائي لا يتطلب فقط تدخلاً عسكرياً للقوات البرية، للعمل بصورة مباشرة من أجل تدميره وإبادة قدراته العسكرية. بل يجب القيام بـ"تشخيص" الجوانب الدقيقة لدى العدو، ومحاولة تفعيل النيران المضادة باتجاهها، سواء من طائرات سلاح الجو، أو من القوات الأرضية، بالتنسيق اللازم.

هذه العمليات التي يفترض أن يقوم بها الجيش عليها أن توصل العدو لمرحلة يمكن أن توصف بـ: العمى، والشعور بالملاحقة، والصمت المطبق، وغيرها. وبالتالي توصل العدو لتدمير كلي في قواه الاستراتيجية ووعيه العسكري.

وفيما يتعلق بطبيعة التمرينات البرية، تضع الطريقة الجديدة إصبعها على ضرورة تقليص مساحة وحرية التمرينات البرية، وصولاً للقناعة التي بدأت تسود في أوساط الجيش أنه حتى مرحلة الحسم مع العدو لن تتحقق بالسيطرة الميدانية، واحتلال الأراضي. هذا التصور جاء مؤخراً عقب ارتفاع حدة التهديدات المتطورة، مثل الصواريخ ووحدات

الكوماندو، وما يترتب عليهما من آثار سياسية. ولذا تعتقد النظرية الجديدة أن القدرات التكنولوجية التي تقوم بمهمة تشغيل النيران المضادة كطريق أساسي لجسر الفجوة القائمة، في محاولة لتحقيق الإنجازات العسكرية المباشرة أمام العدو، ليست كافية.

لكن العائق القائم أمام تطبيق هذه النظرية يتمثل في بقاء الخطر ماثلاً في الوضع الطبيعي وحالات الطوارئ؛ مما يؤثر بدوره على ترجمة مبادئها إلى تعليمات عسكرية واستعداد ميداني. وهو أمر يمكن أن يلاحظه عن كثب كل من يقوم بتنفيذها على أرض الواقع، وفي أي مرحلة من مراحل تطبيقها في لحظة المعركة.

وفي الوقت الذي يتضح جيداً أن لهذه النظرية الجديدة نتائج جيدة، سواء كانت في أهدافها الموضوعة، أم في قوتها الممنوحة لها عند التطبيق، فإنها في الوقت ذاته تحاول "فكفكة" باقي الأجزاء الأخرى منها، تلك التي تحدثنا عنها سابقاً وهي: التصميم، والتخطيط، والقيادة؛ مما قد يسفر في نهاية مجريات المعركة العسكرية عن فشل ذريع.

إن الآثار والتعبيرات الناجمة عن تطبيق تلك السياسة، تزامنت مع إخفاقات قيادية في مختلف المعارك التي خاضها الجيش، وأصابت فعاليتها العسكرية بأضرار كبيرة، كما تشير بذلك النماذج والأمثلة التالية:

1. شيوع أفكار عائمة غير واضحة، عبر انتشار لغة غريبة وجديدة في آن واحد، بين الأوساط القيادية والإدارية العليا، استراتيجياً وتكتيكياً[18]، بحيث إن مستويات مختلفة داخل الجيش استخدمت هذه اللغة الجديدة، وبالتالي جاء تفسيرهم لهذه اللغة مختلفاً حسب فهم كل منهم على حدة، مما أدى في النهاية لنقص في الفهم، وخيبة أمل في أوساط الجيش، خاصة بين صفوف جنود الاحتياط.

2. انشغال عدد من الدوائر والأوساط المقربة من الجيش كدائرة التخطيط وتقدير الموقف، في تقييم النظرة الاستراتيجية، والفكرة العملياتية، وتجزئة الوضع الميداني.

---

[18] من الجدير ذكره أن عدداً من إفادات جنود الاحتياط التي قدمت أمامنا، لم تقدم الإجابة المطلوبة عن إيجاد "نموذج عصري" للأداء العسكري، الأمر الذي يشير إلى مسؤولية مستوى قيادي ما عن عدم تحقيقه. وقالت إحدى الإفادات: لم تستطع دبابة واحدة عليها عشرة جنود أن تتوغل ليلاً لمسافة تقترب من 15 كم داخل الأراضي اللبنانية، أو أن تتدبر مع أي حادث مفاجئ قد تواجهه !السؤال الذي تطرحه هذه الإفادة: لو توفر ما كان يقال عن الأفكار المتطورة، وإدارة إطلاق النار، وتنفيذ الهجمات، والانقضاض، وكانت موجودة فعلاً، فهل -رغم كل المصاعب الأخرى- سيكون التعامل مع تلك الحادثة بصورة أفضل؟ الإجابة: بالتأكيد!.

وبالرغم من ذلك، لم تُجْرِ تلك الأوساط نقاشات وعمليات بحثية منتظمة حول تقدير الوضع في ساعات الطوارئ، وإصدار التعليمات، واستيضاح طبيعة تدريب قواتنا العسكرية؛ كتأهيل الوحدات، والتدرب على مهام خاصة، والجبهات العسكرية، والجدول الزمني للتنظيم، وحجم التسليح والدعم اللوجستي، وغيرها.

ونتيجة لذلك وقعت فجوة كبيرة بين النظرة الاستراتيجية، والأهداف العملياتية المطلوب إنجازها من القوات الميدانية. وبشكل عام، لم تسفر النقاشات التي سبق الحديث عنها عن تقدير للوضع، وبالتالي لم تحقق الأهداف العسكرية، التي لم تكن بمستوى الوضوح اللازم، ولم تتمكن الأوساط القيادية من استخلاص النتائج المطلوبة، وصولاً لحالة "الكرة المتدحرجة" التي برزت خلال الحرب الأخيرة، في ظلّ مواصلة حزب الله إطلاق قذائفه الصاروخية على الجبهة الإسرائيلية.

أخيراً، فإن استمرار الوضع على هذه الشاكلة خلال فترة طويلة، ليس له من تسمية تناسبه سوى أنه "فشل قيادي" للهيئة العامة للأركان.

3. بصورة يومية تمّ نقل عشرات التعليمات الإدارية والأوامر العسكرية، وكميات هائلة من الوثائق الداخلية، بالإضافة إلى العديد من اللقاءات والاجتماعات التي عقدت للموافقة على العمليات العسكرية، والطلعات الجوية داخل الهيئة العامة للأركان. حرصت مختلف المصادر المُمثِّلة لجميع الأجهزة على حضور الاجتماعات، لتزامن العمليات العسكرية مع تقدير الوضع الميداني القائم، كما حصل في مختلف الحروب الماضية.

ومع ذلك، فإن وضعاً كهذا، أشار بوضوح لا يقبل الشك لـ"عدم معرفة" تلك الأوساط أن ما تخوضه الدولة في مثل هذه اللحظات هو "حرب" بدأت من مراحل سابقة لها.

4. التدخل غير المبرر لمختلف الأوساط القيادية في التفاصيل العسكرية، سواء ما تعلق منها بالمراسلات الداخلية أم إصدار التعليمات الميدانية، خاصة من الهيئة العامة للأركان.

وبالتالي فإن تواصل الأوامر لقيادة المنطقة الشمالية من أوساط مختلفة، أدى لعدم الوضوح فيما يتعلق بالأهداف العامة للمستوى السياسي الأعلى في الدولة، كما أنه عمّق حجم البلبلة في أوساط المستويات القاعدية، سواء فيما يتعلق بطبيعة التنفيذ العملياتي، أم الجدول الزمني المطلوب.

ولتوضيح طبيعة التأثير السلبي لظاهرة الأوامر المتناقضة التي وصلت المستوى القيادي الميداني، نورد هنا مقطعاً من إفادة لأحد جنود الاحتياط الذين شهدوا أمام اللجنة:

بصورة يومية تقريباً، تلقينا في الميدان 2-3 تعليمات عسكرية مختلفة، وحين شارفت الحرب على النهاية توقفنا عن تلقي هذه التعليمات، وكنا نضحك كلما وصلتنا تعليمات جديدة مختلفة عن سابقاتها.

الأمر القيادي الواحد مثلاً يتروح حجمه ما بين 40-50 صفحة، وحين تبدأ بقراءتها، يتصلون بك من قيادة الكتيبة ويبلغونك بوجود كراسة جديدة في الطريق، فكنا نترك ما بأيدينا من كراسة سابقة!.

كانت تأتينا بين الحين والآخر أوامر متناقضة، قد لا تبدو مختلفة في عناوينها الأساسية، لكن التفاصيل المتباينة تربكنا في ميدان المعركة، فجأة ترى أفراد كتيبتك تقرأ كراسة ما قبيل دخول الجبهة، وبعيد دخولها يقرأون كراسة أخرى مغايرة في بعض التفاصيل عما سبقها، كانت هناك "فوضى" غير طبيعية مع هذه الأوامر!.

5. الانشغال التفصيلي بطبيعة المعطيات القتالية والميدانية، لا سيّما تلك المتوقعة من جانب العدو، وما قد يقوم به الجيش الإسرائيلي من ردود هجومية، أدى لغياب الحاجة المفهومة لإعداد القوات الملائمة، والاستعداد من جديد لإمكانية أن يُعِدّ العدو نيراناً كثيفة، ويصبح قادراً على نشر آلاف القذائف الصاروخية على طول الميدان[19].

كما أن مفهوم "السيطرة الجوية" التي كُلِّفَت بتقليص تهديد القذائف الصاروخية، ومحاولة الوصول مع العدو لمرحلة الحسم النهائي عبر النيران المضادة، خاصة من الجو، عمل على تقييد قادة الجيش عبر مراحل الحرب المختلفة حتى نهايتها[20].

---

[19] في 17 تموز/ يوليو أصدر رئيس هيئة الأركان العامة أمراً بتشكيل طاقم لفحص فرضية استمرار المعركة فترة أطول، وكانت هذه خطوة موفقة، إلا أن طريقة التعامل مع الواقع الميداني لم تتغير مطلقاً حتى نهاية الحرب! على الرغم من أنه كان واضحاً أن بنية حزب الله العسكرية ليست قائمة فقط على أجزاء صغيرة.

ولإبداء الفرق بين حرب لبنان الثانية 2006، وحرب لبنان الأولى 1928، استكمل الجيش الإسرائيلي جهوده المطلوبة لإزالة التهديد المتمثل بالقذائف الصاروخية قصيرة المدى خلال عدة أيام، من خلال عملية عسكرية مباشرة، وصلت إلى منصات إطلاق الصواريخ.

[20] بدأت هذه الفكرة منذ أن شاعت في أوساط الجيش قناعة مفادها أن هجمة جوية من شأنها أن توجه ضربة مميتة إلى حزب الله، وهذا أمر كتب في الأهداف المقررة، وما افترض في الخطط العملياتية من أن يكون ضربة استباقية تحوّل لأن يصبح الفكرة المركزية الأساسية حتى نهاية الحرب. هذا الكلام من شهادة لأحد جنود الاحتياط.

في المقابل، قويت وتعاظمت فكرة عدم الذهاب باتجاه عملية عسكرية برية، عبر ما بدا أنها تهديدات، وتوصيات، وقيود تفرض عليها فور بدايتها، سواء كانت عسكرية أم سياسية.

6. كانت هناك محاولة لأن تؤدي الخطط التنفيذية والعمليات العسكرية هدفها المتمثل بإجهاض أهداف حزب الله العسكرية، ومنعه من محاولة تطبيقها، لكن كبار المنظرين العسكريين بدءاً من "سون تسو" إلى "ليدل هارت"، أكدوا أن ذروة الإنجازات العسكرية تتمثل في إخضاع العدو، دون الحاجة لخوض معركة حقيقية معه.

وكما يقال: على القائد العسكري فحص الواقع الميداني جيداً، ومحاولة فهم آثاره، واستخلاص حجم العملية العسكرية المطلوبة لهذا الواقع وطبيعتها، وهذا التحليل للأسف لم يصمد أمام طبيعة المعركة التي خاضتها إسرائيل.

بالإضافة إلى أن الرغبة بـ "الذهاب بالرأس إلى الحائط"، والتسلل لداخل مخابئ حزب الله ومصادر الصواريخ، وتوقع تأثيرات طريقة العمل الجديدة، والحذر المطلوب لكل ما يتعلق بالعملية البرية، أدى بالضرورة لإحداث توازن عملياتي سيئ، أسفر في النهاية عن غياب الهدف الحقيقي المتمثل بمحاربة العدو.

ونتيجة لكل ذلك، فإن هدف احتلال أراضٍ ميدانية، وتدمير قوات العدو تمّ إسنادها للجدار والزاوية، وقد كان من الأفضل محاولة "فهم" الأفكار القتالية الجديدة، في إطار المبادئ الحربية المتعارف عليها داخل النظرية العسكرية، وليس "تحويلها" لواقع عملي، كما حصل!.

7. القرار الحكومي بمنع القيام بتوجيه ضربات هجومية تجاه أهداف البنية التحتية المدنية في لبنان، التي كانت ستؤثر على قيادة حزب الله والحكومة اللبنانية، والنتيجة النهائية للحرب وطول مدتها الزمنية[21]، إذ كان يجب، منذ البداية، البحث عن طرق عمل عسكرية بديلة أو إضافية، تهدف كلها لإبادة قدرات الحزب.

---

[21] هناك من يزعم أن استهداف مرافق البنية التحتية اللبنانية، كانت ستسفر عن نتائج سلبية على حكومة السنيورة والسكان غير الشيعة لعلاقتهم البراجماتية مع إسرائيل والغرب، وكانت ستؤثر على طبيعة الردع من نوع جديد لإسرائيل وباقي الأطراف الأخرى المشاركة في الحرب على الإرهاب.

وبالتالي، جاء العجز عن إيجاد تلك الطرق والبدائل، التي تؤدي بمجملها لتحقيق أهداف الحرب، ليعبر عن فشل أساسي وإخفاق في التفكير في خريطة مقترحة لأهداف الحرب، أعاقت بالضرورة تحقيق هدف إزالة التهديد الصاروخي.

ولذا كان من المفروض على قيادة الهيئة العامة للأركان البحث عن بدائل جديدة في ظلّ توقع ما –ولو كان ضئيلاً– برفض استهداف مرافق البنية التحتية لأسباب شتى، وذلك عبر إعداد قائمة بطرائق مقترحة، وعرض بدائل عسكرية تحقق أهداف الحرب.

8. التمركز خلف خيار تشغيل النيران المضادة، لا سيّما عبر الجو، مستندة بصورة أو بأخرى، إلى توقع غير قائم على حقائق ميدانية، يفيد أن إدارة الحرب مع العدو بعيداً عن الاحتكاك المباشر أكثر جدوى.

أما النقطة الأكثر حسماً في حرب لبنان الأخيرة تمثلت في أن طريقة نشر الحزب لقواته العسكرية، جعلت الوصول معه لمرحلة الحسم أمراً بعيد المنال.[22]

9. طريقة العمل الخاصة بالجيش جاءت ملائمة –للأسف– مع استراتيجية الحزب، القائمة بصورة أساسية على إدارة المعركة من خلال النيران، عبر استخدام قوات صغيرة ومنتشرة، ومنع وقوع معارك ميدانية حاسمة على جبهات القتال المختلفة بمستويات عالية ومرتفعة.

الجيش، مع ذلك، طبق هذه الاستراتيجية نفسها عبر وسائل مختلفة، علماً بأن آلاف السنين التي مضت في السابق تعطي الدرس لكل جيوش العالم بأن الحكمة العسكرية، من خلال إدارة القتال، تتأتى بـ"تدمير" استراتيجية العدو، عبر انتهاج أساليب قتالية غير مريحة له، ولا تتناسب مع المنطق العسكري الذي يحرك قواته وفقاً له.

أما ما تمّ، من حيث قيام الجيش باستخدام وسائل وأساليب قتالية ملائمة للعدو، فقد حوّله لـ"ألعوبة" بيد حزب الله، كما أن هذه النظرية الساعية لـ"تدمير" قوات العدو، وقيام الجيش بتنفيذها بصورة خائبة، تسبب له بـ"العمى"، وأدى في النهاية لتنامي قوة الخصم.

---

[22] هذه النقطة من بين النقاط الرئيسة التي استند إليها "كلاوزفيتس" في كتابه "عن الحرب"، خلال القرن التاسع عشر.

10. تسلل فكرة "السيطرة" داخل النقاش العسكري في أوساط الجيش، مرتبطة أساساً بنظرية التشغيل الجديدة، فنحن استبشرنا أكثر من مرة خلال الحرب بأنباء عن نجاح الجيش في فرض "سيطرته" على مواقع في بعض المناطق، كان يعرف مسبقاً أن مقاتلي الحزب متواجدين فيها[23].

والغريب في الأمر أن سيطرة الجيش على مثل هذه المواقع لم تؤثر سلباً في تراجع قوات الحزب وعملياته العسكرية، وما حصل فقط أنه في المواقع التي **احتلتها** قواتنا توقف إطلاق القذائف الصاروخية. إن فكرة السيطرة تناسب سلاح البر أكثر من سلاحي الجو والبحرية، لأن "احتلال" أراضٍ من خلالهما يبدو أكثر صعوبة وقسوة، خاصة من سلاح الجو.

في المقابل، اسْتُبعدت فكرة الاحتلال من النقاش العسكري، عقب الآثار السلبية والتبعات المؤلمة، التي وجد المستوى السياسي فيها نفسه متورطاً فيما يتعلق بحاجات السكان الفلسطينيين في الضفة الغربية وقطاع غزة. نتيجة لذلك، فإن احتمالات احتلال أراضٍ، والإطاحة بالعدو، وفي نهاية المطاف الانسحاب منها، لم تأتِ على بال مخططي الحرب الأخيرة.

أكثر من ذلك، فإن السيطرة الميدانية على الأرض، حتى لو تحققت، لم تكن لتأتي بالنتائج المرجوة منها في ظلّ بقاء إطلاق النيران الصاروخية. وكان المطلوب من الجيش أن يخرج مقاتلي الحزب من مخابئهم، عبر وسائل قتالية ثقيلة، وحتى بقوات حربية راجلة، لكي تؤدي الحرب نتائجها المطلوبة.

توصيات اللجنة: تطبيق النظرة الاستراتيجية المشار إليها فكرة من شأنها تحقيق ثمار جيدة، خاصة إذا ما تمّ توجيه وتركيز جهود الجيش وأجهزته لتطبيقها. إلا أن ما حصل في حرب لبنان الثانية، أن هذه النظرة الاستراتيجية أُرفقت بأهداف وأجزاء لم يتسنَّ تحقيقها عبر عملية عسكرية، ولم تكن على صلة وثيقة بالتخطيط العسكري أساساً.

---

[23] نذكر هنا القرار الذي اتخذه قائد وحدة الجليل في المراحل الأولى من الحرب، من أن قواته سيطرت على قرية بنت جبيل، ذات القرية التي واصل الجيش الإسرائيلي فيها معاركه الدامية طوال أيام الحرب، وفقد خلالها عدداً من القتلى والجرحى.
فكرة السيطرة، سواء كانت سيطرة على المواقع أو سيطرة نارية، قائمة في صلب النظرية العسكرية، لكن هذه السيطرة غدا لها مفهوماً جديداً في الآونة الأخيرة، كما سيتضح لاحقاً.

هذه النظرة يجب أن يُصادق عليها وتُقرّ من قِبَل الحكومة، عبر الجهاز الأمني السياسي، المسمى "مجلس الأمن القومي"؛ بحيث يتمّ توجيهها لجميع أذرع الدولة المنوط بها تحقيق أهدافها العليا وهي: الجيش الإسرائيلي، ووزارة الخارجية، وأجهزة الاستخبارات، وغيرها، وتسعى جميعها لتحقيق أهداف الحرب؛ السياسية والعسكرية.

ويجب التنويه إلى أن المركبات التي تُكوِّن النظرة الاستراتيجية عموماً من الناحية العسكرية، يجب أن يكون تطبيقها وتحقيقها في متناول اليد، على أن تتمّ عبر أدوات وخطوات عسكرية بحتة. فيما التطلعات السياسية الدبلوماسية، التي تسعى الحكومة لتطبيقها، لا يجب أن يطلب من الجيش القيام بها. إلا أن ذلك لا يجب أن يمنع من القول إن المخططين العسكريين مطلوب منهم تَحَيُّن الفرص والظروف الاستراتيجية – السياسية الملائمة؛ لتنفيذ خططهم العسكرية، ومحاولة اقتراح أهداف عسكرية بعينها لتحقيقها من خلال هذه الظروف.

على كل الأحوال، وخروجاً من هذه الجدلية، يجب أن تبقى الأهداف السياسية والاستراتيجية بعيدة كل البعد عن المستويات الدنيا في الجيش، ويجب إبقاؤها فقط في المستويات العليا.

كما يجب التأكد من أن تحقيق الأهداف العسكرية والعمليات الميدانية يجب أن تتضمنها النظرة الاستراتيجية بصورة واضحة، بعيدة عن أي اجتهاد في التفسيرات من قبل أوساط مختلفة في الجيش والحكومة، عبر استخدام مختلف الوسائل العسكرية المعروفة (الهدف، المقصود به، طريقة تحقيقه، القوات العسكرية المستخدمة، وهكذا).

وبناء على هذه الأهداف يمكن الوصول للمكونات الأساسية للنظرية الأمنية الإسرائيلية، التي ترتكز على:

1. نقل المعركة القتالية لأرض العدو.
2. الوصول مع العدو لحسم سريع.
3. إزالة التهديدات الماثلة أمام الدولة.

نوصي هنا وفي ضوء ما تقدم، بإعادة النظر في تصميم فكرة التنفيذ العملياتي لأداء الجيش، وأسلوب التنفيذ، وتطوير طريقة العمل، عبر فحص أداء باقي الأجهزة ذات العلاقة في سير المعركة. وهنا يجب الاعتراف بالمخاطر الناجمة من إمكانية الانزلاق والانحراف في استخدام هذه الوسائل، واختيار اللغة المناسبة للمستوى الاستراتيجي الفعّال في درجته الأعلى، على يد المستويات القيادية الأدنى، ومحاولة العمل على منع الوصول لهذا الوضع. لذا، نوصي بضرورة أن تكون اللغة المستخدمة والأفكار الميدانية؛ التكتيكية والبعيدة، واضحة وحاسمة للعمل على إبقاء العلاقة التنسيقية قائمة بين المستويات القيادية لمنع حدوث أي نوع من البلبلة والإرباك.

كما يجب على الهيئة العامة للأركان والمجلس الأمني المصغر، الكابينت، التأكد بصورة دورية من صلاحية الخطوات والإجراءات العسكرية، التي يقوم بها الجيش في مختلف الجبهات القتالية. وذلك عبر توفير الحدّ الأعلى من تأهيل القوات، والإبقاء على مستوى متقدم من التسليح والدعم اللوجستي، والحفاظ على وتيرة متطورة من التدريبات الحربية، حسب ما تقتضيه الخطط العسكرية، وكشرط أساسي يسبق الموافقة على الذهاب لأي مهمة قتالية.

ونوصي كذلك، بإعادة النظر في الإجابات الميدانية التي توفرها طريقة العمل المتبعة حالياً في أوساط الجيش، وحجم تفاعلها مع مبادئ القتال، والمعطيات الجيو- استراتيجية الأساسية لإسرائيل، وأخلاقيات الحرب الإسرائيلية، ونظريتها الأمنية. كما يمكن -وبحذر شديد- العمل على إضافة مركبات جديدة لهذه الطريقة القتالية، عبر الأطر النظرية المعروفة، في ظلّ ما حصل من تغييرات على طبيعة المواجهات العسكرية، وتطوير النظرية القتالية الجديدة. ومن ذلك؛ عمليات فعالة يمكن أن تأتي بنتائج جيدة إذا ما كان الخصم يبني قوته العسكرية على عناصر مركزية بالأساس، لكن منظمة مثل حزب الله، ليس بدولة مع جيش نظامي و"ثقيل" بل منظمة، ينشر قواته، ويسيطر على منطقة بعينها، ويتخذ استراتيجية تقوم على "الاختفاء السريع" لوحداته القتالية، يُعدّ محصناً من تنفيذ عملية كالتي نتحدث عنها.

وبناء عليه، لا يمكن الاعتماد بصورة أساسية على عمليات فعالة كتلك، للتعامل مع منظمة من هذا النوع والمواصفات.

عموماً، فإن إدارة عملية عسكرية فعالة تستند بالأساس على تفعيل النيران المضادة هو أمر ملائم أكثر من عملية تهدف لتحقيق إنجازات ذات تأثير على الخصم، وهي ستبدو أكثر فعالية وجدوى من عملية ذات هدف إيجابي يتمثل في إحداث ما يمكن أن يسمى "تغييراً استراتيجياً".

وكما هو معروف، فإن الهدف المعلن للحرب من جانب إسرائيل، تمثل في إحداث تغيير في الواقع السياسي – الاستراتيجي في علاقتنا مع لبنان وحزب الله. وفي المستوى الميداني، يجب التذكر جيداً أن تأسيس المعركة على تفعيل نيران مضادة كان يمكن أن ينجح في استهداف مواقع للعدو[24]. علماً بأن تلك الأهداف تعدّ ذات أهمية استراتيجية حاسمة في نظر العدو، انطلاقاً من أن ظروفاً من هذا النوع لا تتوفر إلا في أوقات متباعدة، ولذا يعتقد أن نجاح العدو يكمن في استبعاد استخدام النيران المضادة لأبعد مدى ممكن[25].

يجب إعادة الحديث من جديد في النقاشات العسكرية في قضية التشغيل المباشر الموجه للنقطة الحرجة للخصم، والمركبات الأساسية لقوته العسكرية، وصولاً لإضعافها مبدئياً، ومن ثم تدميرها كلياً.

كما يمكن، بل ويفضل، تأسيس إدارة الحرب وفق تقدير عسكري من قبل جهات ومصادر تعرف جيداً حجم التأثير الكبير على قدرات العدو، بحيث تستبدل بالوسائل القتالية وبالأهداف التي لا نملك أي معرفة عنها، أخرى قد نستطيع الوصول إليها مباشرة.

وهنا يجب إقامة جهاز خاص في الهيئة العامة للأركان، من مهامه الأساسية التعامل في حالات الطوارئ، مع كل من القيادات العسكرية العليا، ووحدات المعركة القتالية، والقوات النظامية، عبر تأسيس نقاش لتقدير الوضع، وانتظار وصول

---

[24] هذا الأمر يتوقف على الجدول الزمني لتفعيل هذه النيران، وقوة تشغيلها، وتأثير الاستخبارات الفعال، والقدرة على التنسيق بين مختلف الأسلحة العاملة في ميدان المعركة.

[25] تطور المجريات القتالية خلال حرب لبنان الثانية، نفت بوضوح هذه المزاعم، لأن إصابتنا المباشرة لجزء من أهداف حزب الله، كالقذائف الصاروخية قصيرة ومتوسطة المدى على سبيل المثال، لم تصل في حدها الأقصى لما نسعى له منذ بداية الحرب، وهو إحداث شلل كامل في صلب القوة الصاروخية لحزب الله المتمثل في قذائف "الكاتيوشا".

التعليمات الإدارية، وتفعيل الوحدات العسكرية بشكل كامل. ويجب التقدير بصورة واضحة، وفي وقت مبكر، وضع استعداد الجيش في ميدان المعركة، سواء كانت عملية عسكرية خاطفة أم حرباً طويلة، والاستفادة من متابعة الآثار التنظيمية والقيادية الواجب القيام بها، وينطبق هذا على كل معارك الجيش التي قد يقوم بها.

إدارة المعركة

المرحلة الأولى:

كما اتضح سابقاً، فإن الحكومة لم تقرر بالضبط أهدافاً واضحة مطلوب تحقيقها لحظة اتخاذها لقرار الخروج للعملية العسكرية مساء 12/7/2006. ومع ذلك، وفي خطابه أمام الكنيست بتاريخ 17 تموز/ يوليو أعلن رئيس الحكومة أن العملية العسكرية ستتواصل، لتحقيق التالي:

1. إعادة الجنود المختطفين.
2. وقف تام لإطلاق النار.
3. نشر الجيش اللبناني لقواته في الجنوب.
4. إخراج حزب الله من المنطقة عبر تطبيق القرار رقم 1559.

على الصعيد العسكري، تركز التفكير في الجانب العملياتي/ الاستراتيجي عند الخروج للعملية العسكرية في إطلاق النيران المضادة، خاصة من سلاح الجو، ضدّ أهداف حزب الله، دون وضع مهام بعينها، وكيفية القيام بها من الناحية العملية.

كما أن التفكير الذي سيطر على صناع القرار، في تلك اللحظة، تركز في التأثير على "وعي" العدو، وإجباره على التوقف عن محاربة إسرائيل، عبر وسائل الضغط التي يستخدمها. بمعنى آخر، المسّ بقدرات الحزب العسكرية، بصورة تمنعه من ممارسة حربه ضدّ إسرائيل. ومع ذلك، فقد رفض رئيس هيئة الأركان أي توجه للقيام بعملية برية، ولم يكن في حينه حجم الاستعدادات على ما يرام، ولم تصل التجهيزات لتجنيد صفوف الاحتياط لمراحلها النهائية، بصورة تسمح بالقيام بتنفيذ العملية البرية. وبمعنى آخر، فإن اقتراحاً من هذا النوع، يتمثل بتنفيذ العملية البرية، لم يطرح بجدية حقيقية أمام الحكومة الإسرائيلية.

عملياً، بتاريخ 17 تموز/ يوليو، جرى القيام بتشغيل النيران الحربية، وتحديداً من قبل سلاح الجو، عبر مهاجمته لأهداف ومواقع معدة بصورة مسبقة قبل اندلاع الحرب. وفي اليوم الذي اندلعت فيه، أَمَرَ رئيس هيئة الأركان بتحديد طبيعة العلاقة بين سلاح الجو وباقي الأسلحة العسكرية الأخرى، المتواجدة على بعد مسافة قريبة جداً على الحدود الشمالية، رغبة منه في إحداث آثار أكبر لعملية تفعيل النيران، لتكون أشد تأثيراً وأوسع مجالاً، وهذا من شأنه أن يقوي من تأثير العملية البرية.

في المقابل، قام الجيش بعدد من العمليات الميدانية المحدودة الموضعية، ملاصقة للحدود اللبنانية لـ"تطهيرها" والقضاء على مواقع حزب الله المنتشرة في تلك المنطقة، والمطلة على الأراضي الإسرائيلية. وخلال تنفيذه للعمليات البرية، تمّ تقييد قيادة المنطقة الشمالية من قبل رئيس هيئة الأركان بحيث لا تتجاوز عملياتها مسافة كيلومتر واحد من الخط الأزرق، وطلب منها أخذ موافقة الهيئة العامة للأركان عبر نقاشات موسعة أجرتها، في كل خطوة تقوم بها، مهما صغرت وبدت بسيطة، وهكذا جاء تقييد قيادة المنطقة الشمالية عبر تحديد مدى إطلاق النيران تجاه حزب الله.

الفكرة الأساسية التي حركت الحرب الأخيرة في مرحلتها الأولى، تتعلق بالمنطق الجوهري الذي أسست عليه خطة "كسر الجليد"، التي كانت في مرحلة الإعداد والمصادقة للردّ على أي عمليات من قبل حزب الله.

وبالتالي جاءت التقييدات على قيادة المنطقة الشمالية لتحول بينها وبين إفساح المجال أمامها؛ للمبادرة لتوسيع عملياتها. وبالتالي أخذ تحقيق قدرة نيران الجيش على إبادة وتحطيم مواقع الحزب المنتشرة على طول الحدود، وقتاً طويلاً، بحيث استمر استهدافها لنهاية الحرب.

المرحلة الثانية:

منذ تاريخ 17 تموز/ يوليو بدأ أفق العملية العسكرية للقيادة الشمالية يتسع رويداً رويداً، دون أن يطرأ على عملياتها تغيير جوهري ذو قيمة كبرى.

فقد أضيف للأداء الجوي والعمليات الحدودية الملاصقة مجال جديد، يتمثل في القيام ببعض العمليات البرية والمهام الخاصة. ومع مرور الوقت أقيمت جبهة ضيقة لعمليات سلاح الجو التي حددت مساحتها بعدة كيلومترات بعيدة عن الحدود، إلا أنها طالبت بتوسيع هذه المساحة المقلصة بعدة كيلومترات إضافية، بحيث تعمل على التشويش وإرباك القذائف الصاروخية القصيرة والمتوسطة المدى، المنطلقة تجاه إسرائيل[26].

---

[26] اليوم وبعد انقضاء الحرب تبين أن القذائف الصاروخية قصيرة المدى كانت تنطلق من المنطقة الواقعة تحت مسؤولية القيادة الشمالية وحتى نهر الليطاني، وهذا نموذج واحد وراسخ عن حجم الخلافات التي تقع بين أجهزة مختلفة تكون مسؤولة في آن واحد عن منطقة بعينها، مما يؤدي في النهاية إلى سقوط مدوٍّ بين المقاعد.

خلال هذه المرحلة التي استمرت عشرة أيام، تعمقت الهوة بين القيادة الشمالية وهيئة الأركان، فيما يتعلق بنظرة كل منهما لإدارة المعركة، على النحو التالي:

1. استبعدت الهيئة العامة للأركان العملية البرية الواسعة، مكتفية ببعض التوغلات الموضعية، المحدودة زمنياً، للقضاء على مقاتلي حزب الله، وأسر عدد منهم، والتأثير على وعي العدو من خلال المسّ برموزه.

2. في المقابل، رأت قيادة المنطقة الشمالية في هذه المرحلة تجسيداً وتهيئة للأجواء وإعداداً للبيئة العسكرية، مقدمة لتنفيذ خطة "مياه عكرة"، وعمليات برية مستقبلية.

وفي لقاء "تقييمي" برئاسة الهيئة العامة للأركان عقد بتاريخ 18 تموز/ يوليو، لخص رئيس الأركان مجمل النقاش على النحو التالي: "أنا أشجع على القيام بعمليات محدودة، وإذا لم تقم قيادة المنطقة الشمالية بهذه المهام، فسأقوم بتعيين إدارة خاصة من داخل الهيئة العامة للأركان". وفي نهاية لقاء تقدير الموقف في ذات اليوم، أبدى رئيس الأركان استبعاداً واضحاً لتنفيذ أي عملية كبيرة نوعية في مجال البر؛ لأن القذائف الصاروخية قصيرة المدى لا تحتاج سلاحاً حاسماً، بل يجب اللجوء لتركيز الجهود باتجاه استهداف وحدات النخبة، التي تقوم بتشغيل القذائف الصاروخية طويلة المدى، والمسّ بصورة مباشرة بقدرات القيادة والسيطرة لدى حزب الله.

وبعد مرور يومين قدم رئيس الهيئة العامة للأركان خلاصة نقاش جرى داخل الهيئة جاء فيه: إن "العملية البرية الموعودة لدى قيادة المنطقة الشمالية لا تستهدف احتلال أراض". وعند الوصول للفقرة النهائية من هذه المرحلة من الحرب، أكد قائد المنطقة الشمالية أن "العملية البرية التي نادى بالخروج لتطبيقها تتجاوز كثيراً منطقة بنت جبيل، وباقي المناطق المجاورة لها".

أياً كانت الوجهة التي سارت فيها هذه المرحلة، فإن العمليات الموضعية المحدودة لم تؤثر سلباً على قدرات حزب الله العسكرية، ولم تنجح في تقليص آثار القذائف الصاروخية. إضافة لذلك، فإن الأهداف العملياتية المتمثلة في: قتل عناصر الحزب، والمسّ بمنصات إطلاق الصواريخ، والقذائف طويلة المدى، لم تأتِ بثمارها المرجوة والمأمولة. بل على العكس من ذلك، فإنها جعلت من عمليات الجيش أقرب ما تكون إلى الألعاب النارية أمام تواصل إطلاق الصواريخ.

الجهاز القيادي وجهاز السيطرة التابع للحزب، لا سيّما ذلك الذي يشكل عصباً قيادياً في المنظمة، لم يصب بصورة مباشرة، في ضوء تلاشي آثار التحليق المتواصل لسلاح الجو خلال الأيام الأولى من الحرب. كما شهدت هذه المرحلة تغييباً واضحاً من قبل الهيئة العامة للأركان والقيادة الشمالية على حد سواء، للجداول الزمنية، واتضح اتساع الفجوات بين حجم القوات العسكرية والمهام المنوطة بها ميدانياً، وتشغيلها.

من الأهمية أن نذكر هنا أنه مع بداية هذه المرحلة من الحرب، وبدءاً من تاريخ 19 تموز/ يوليو، أصدرت الحكومة تعليماتها للجيش بـ"وقف إطلاق القذائف الصاروخية على التجمعات السكانية والأهداف الإسرائيلية، وإزالة التهديد الماثل عليها".

وهكذا، لم يُسمح للجيش باختيار طريقة العمل المناسبة له، بما يمكنه من إبعاد مدى القذائف الصاروخية قصيرة المدى، وبالتالي لم ينجح في إنجاز المهمة التي كلفته بها الحكومة.

المرحلة الثالثة:

في ضوء ذلك، تبلور فهم وقناعة عامة في أوساط الجيش بأنه لا بد من وقف تام لإطلاق القذائف الصاروخية على الجبهة الداخلية، مما يتطلب القيام بعملية برية ميدانية واسعة.

المرحلة الثالثة من المعركة، التي بدأت بتاريخ 27 تموز/ يوليو وحتى نهاية اليوم الأخير من الحرب في 14 آب/ أغسطس، عمتها أجواء من التشكيك وعدم اليقين بإمكانية القوات البرية من القيام بالمهمة كاملة على أحسن وجه، في منطقة جنوب لبنان، من الناحيتين السياسية والعسكرية.

ومع بداية هذه المرحلة، عارض رئيس الحكومة تنفيذ عملية برية واسعة جنوب لبنان، انطلاقاً من أن "الثمن القومي الذي سَيُدْفع خلالها، والتشويش على وتيرة حياة الإسرائيليين لا يساوي الإنجاز المتوقع من تنفيذ العملية البرية".

ومع ذلك، فإن عدم توقف إطلاق القذائف الصاروخية من لبنان، أوصل رئيس الحكومة أخيراً للاعتراف [27] بأنه لا مناص من القيام بالعملية، بغضّ النظر عن نتائجها المتوقعة، سلبية

---

[27] تبين ذلك خلال المشاورات الأمنية التي أجراها بتاريخ 2006/8/7.

كانت أم إيجابية. وتزامناً مع ذلك، تطلب الأمر من الجيش الاستعداد والتأهب لتنفيذ عملية برية واسعة النطاق بدأت بتاريخ 2006/8/9، بالتنسيق مع الجدول الزمني للتحركات السياسية.

نتيجة لذلك، قام الجيش بتجنيد ثلاث وحدات احتياط مع بداية المرحلة، وجاء قرار وقف إطلاق النار الذي دخل حيز التنفيذ بعد أسبوعين، ليدفع بالهيئة العامة للأركان لتبني فكرة السيطرة الميدانية على النطاق الجغرافي جنوب الليطاني، عبر قوات عسكرية مكثفة.

بالنسبة لمسألة تجنيد وحدات الاحتياط، من المهم ذكر حقيقة مهمة تتعلق بأن الحاجة الماسة للقيام بهذه المهمة جاءت من قبل لجنة الخارجية والأمن أمام رئيس الحكومة ووزير الدفاع في الأيام الأولى للحرب، مما سرّع كثيراً اتخاذ هذا القرار وتجنيدهم.

فقط في الثامن من آب/ أغسطس، وبعد قرار الحكومة، وعقب الموافقة على القيام بالعملية البرية الواسعة، تمّ تقدير هدف عسكري واضح يتمثل بـ: وقف تام لإطلاق القذائف الصاروخية. ومع ذلك، استنزفت قواتنا، واستهدفت الجبهة الداخلية؛ مما أسفر عن إصابة عنصر المفاجأة لدينا بالخسارة الفادحة من قبل حزب الله.

العملية المتدحرجة، التي بدأت في مرحلة متأخرة اقتطعت في أوجها، ولم تؤثر على تطورات المعركة، والمهام التي أعدت للقيام بها خلال هذه المرحلة وصلت نهاياتها. وبالتالي فإن الإصابة المطلوبة لحزب الله، وإيقاف الصواريخ باتجاه إسرائيل، لم يتحققا. ومع ذلك، أثرت العملية البرية الميدانية الواسعة في جنوب لبنان بصورة واضحة على التغييرات التي طرأت على قرار مجلس الأمن الدولي. وخلال هذه العملية، سقط للجيش قتلى وجرحى كثيرون، وتزامن ذلك مع بدء النقاشات الداخلية للإعلان عن الصيغة النهائية للقرار الأممي، وكان لخسائر الجيش تأثير على تحسين طبيعة القرار لخدمة المصالح الإسرائيلية.

إن أعضاء لجنة الخارجية والأمن، سيلفان شالوم، وداني ياتوم، ويوفال شتاينتس، أكدوا أن العملية الميدانية الواسعة، التي نفذت أواخر أيام الحرب لم تكن مجدية، ولم تنجح في تحقيق إنجازاتها. وحسب رأيهم، بالنسبة للذين يتحدثون عن إجراء تحسين على صيغة القرار الدولي، فإن تلك التغييرات التي تمت ليست ذات قيمة جوهرية، لا سيّما وأننا لم نكن بحاجة لذلك القرار الأممي لنثبت مصداقية العملية البرية في جنوب لبنان، وإلا فماذا عن: جرحانا، وقتلانا، وصعوباتنا الجمة التي واجهناها في تلك الحرب؟.

أما أعضاء الكنيست، آفي إيتام، ويسرائيل حسون، فيؤيدان هذه الفرضية، ويضيفون أن العملية البرية على العكس من جميع التوقعات، أضرت كثيراً بالقوة الردعية لإسرائيل، في ضوء أن نتائجها التي تحققت لم تكن كافية.

أعضاء اللجنة سيلفان شالوم، وداني ياتوم، ويوفال شتاينتس يرون أنه بالرغم من أن اللجنة غير مختصة بالبحث في إدارة المستوى السياسي للمعركة الحربية، فإنه من غير الممكن الخروج بتقرير استنتاجات وخلاصات ودروس عن حرب لبنان الثانية، دون إلقاء نظرة واسعة على طبيعة العلاقة بين المستوى السياسي ونظيره العسكري، التي سادت آنذاك، والتي أثرت بدورها على الأداء العام للمستوى العسكري الأعلى.

كما تبين في التقرير أن "قرار الحكومة افتقد للجدول الزمني المفترض، وطبيعة تشخيصه لأهداف الحرب، وكيفية تحديد مدى تحققها وشروط نهايتها، ومع ذلك، أقرت العملية العسكرية بعد إعطاء الموافقة للجيش وأجهزته التنفيذية".

وفي مكان آخر ورد أيضاً: "وفقاً لتطبيق النظرة الاستراتيجية، فإن التوصية موجهة للحكومة بضرورة لجوئها للوسائل السياسية المصاحبة للخطوات الأمنية المطلوبة". ولا يمكن الاكتفاء بهذه التطلعات، دون الأخذ بعين الاعتبار طبيعة قيام المستوى السياسي لمهامه، في الوقت الذي يتمّ فحص مدى تأثير مهامه على الأداء الميداني للمستوى العسكري.

عضوا الكنيست آفي إيتام، ويسرائيل حسون يؤيدان هذه الفرضية، ويريان بأن افتقاد المستوى السياسي للتركيز المطلوب، جعل موضوع تحمل المسؤوليات النهائية لنتائج الحرب ملقىً فقط على المستوى العسكري، وليس المستوى السياسي، علماً بأن المستويين مرتبطان ببعضهما البعض، ويتحملان سوياً نتائج الحرب بالقدر ذاته.

كما أن عضوا الكنيست يبديان أملهما بضرورة فحص أداء المستوى السياسي لإدارة المعركة ونتائجها الحربية، ودخوله لعمق عمل اللجنة الحكومية، بغضّ النظر عن صلاحيتها وتمتعها بهذه الميزة.

في النهاية، فإن العملية العسكرية، التي نفذها الجيش تسببت بإخفاقات لخطة "كسر الجليد"، وجعلت ردودها محدودة، خاصة من جهة النيران المضادة، وليس القوات البرية. علماً بأن تلك الخطة أعدت مسبقاً للردّ المحدود، في الزمن والوسائل، وكان واضحاً منذ البداية

أن فعاليتها محدودة أيضاً. وفيما يتعلق بخطة "مياه عكرة" التي أعدت للعمل بصورة أطول زمنياً، أحدثت الخطة إصابة ماسة ومباشرة بقوات حزب الله وإبطال مفعولها، عبر القوات البرية.

كلا الخطتين السابقتين، قدمتا طريقتين بديلتين للعمل، والتعامل مع تهديد حزب الله على الجبهة الإسرائيلية، وبصورة عملية نفذ الجيش عملياته العسكرية مستمداً روح خطة "كسر الجليد" دون النجاح في المسّ بقدرات الحزب، وشلّ قواته.

هذه العملية لم تفلح في إزالة التهديدات التي مثلها الحزب على الجبهة الداخلية، حتى أنها لم تصل إلى مستوى تقليص قدراته بصورة مقبولة، وواصل الجيش محاولاته لـ"تصيد" منصات إطلاق القذائف الصاروخية عبر النيران المضادة، وبعد مرور وقت طويل على تبين فشل الخطة في تحقيق أهدافها، بدئ البحث عن طريقة بديلة.

الانطباع الذي يبدو بإجماع أعضاء اللجنة يخلص إلى ضرورة فحص طرق العمل والوسائل الفعلية لحزب الله والجيش الإسرائيلي على حد سواء. وخطوة كهذه كان من المفترض القيام بها خلال الأسبوع الأول من انطلاق الحرب، والنتائج الأولية لتقييم كلا القوتين ستتضح جلياً في الفصل القادم، الذي سنفحص فيه العملية البرية.

رسم توضيحي حول تقديرات التهديدات التي تمثلها "الكاتيوشا"

وطريقة التعامل معها من قبل الجيش الإسرائيلي

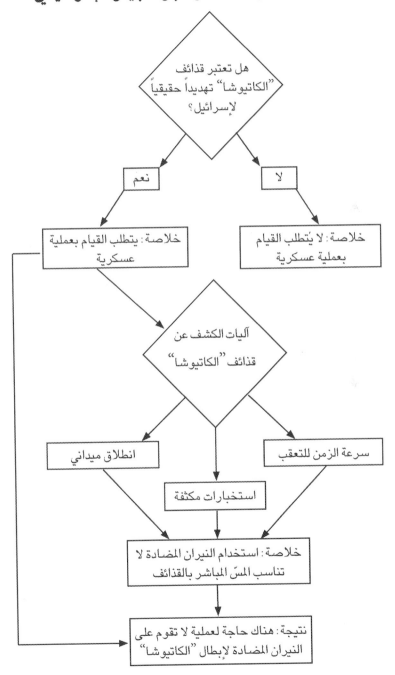

جسدت حرب لبنان الأخيرة، بصورة واضحة، طبيعة المبادئ الحربية وتنفيذها الميداني، التي خاضها الجيش الإسرائيلي خلال محاربته للعمل المسلح في الضفة الغربية وقطاع غزة. فمن بين المبادئ التي طبقت في تلك المناطق، التوغلات الجزئية والاجتياحات المحدودة، مكانياً وزمانياً، عبر قوات عسكرية غير كبيرة، وباتجاه أهداف ليست في قلب العمق السكاني. خاصة بعد أن اتخذ المسلحون من "التمترس" خلف المنازل السكانية وسيلة لتحويل جنودنا لأهداف سهلة المنال؛ مما منع من القيام بعملية اجتياح كبيرة. كما أن "الإخفاق الاستخباري" شكل مانعاً أساسياً من القيام بتلك العملية، ما دل بصورة واضحة على "عبثية" قوات الجيش أمام المنظمات المسلحة.

وبالتالي، ما من شك أن الالتصاق –غير المقصود بصورة أساسية– بالمبادئ الحربية التي لم تناسب جبهة جنوب لبنان، والعدو المتمثل بحزب الله، في إطار عالي المستوى معها، مسّ بشكل كبير جداً بمدى فعالية الجيش. كما أنه، وفضلاً عن تطبيق المبادئ القتالية الميدانية في محاربة الإرهاب، فقد "استنسخت" طريقة القتال نفسها التي يقوم بها الجيش في الضفة والقطاع إلى جنوب لبنان، حيث اعتقد للحظة أن مثل هذه العمليات الموضعية جغرافياً، وقصيرة المدى زمنياً، ستحقق أهداف الجيش الحربية، وربما الاستراتيجية.

هذا الفهم تبين بصورته الواضحة على لسان رئيس هيئة الأركان العامة، خلال نقاش عسكري جرى بداية الأسبوع الثالث من الحرب، حين تطرق لحزب الله في جبهة جنوب لبنان، بقوله: "إنني أنظر إلى "النموذج" الغزاوي – الفلسطيني، وأعتقد أنه بعد خطوة أولى وثانية وثالثة سيجرّونا إلى وضع آخر، ولكنه ليس بالضرورة بصورة شاملة".

ضابط كبير في جهاز الاستخبارات العسكرية "أمان" أبدى خلال النقاش ذاته موقفاً معارضاً، لكنه رُفِضَ في النهاية، رغم أنه قدّم تشخيصاً دقيقاً لطبيعة المواجهة العسكرية مع حزب الله، وإمكانية تطورها لاحقاً. وكان مما قاله: "إذا دخلنا منطقة "الخيام"، وقتلنا 30 مسلحاً من حزب الله، ولم يصب جندي واحد منا بأذى، فلن يسجل ذلك تغييراً جوهرياً. أنا أقول بصراحة إن استراتيجية الخطوة فالخطوة فالثالثة، لن تأتي بالضربة القاضية للحزب".

العملية البرية

المواقع العسكرية لمنظمة حزب الله، ذات الجدوى الفعالة له، دفعت بالجيش للتخطيط جيداً للبحث عن الطرق الأكثر فعالية لإبطال مفعولها. والتقييم الأولي لمواقع الحزب وأسلحته يشير إلى أن استخدامها تمّ وفق "توقيع" متدنٍّ، و/ أو في وقت قصير مكشوف[28]. ومنها: الآلاف من قطع "الكاتيوشا" قصيرة المدى، والأجهزة البرية المنتشرة على طول الحدود، والمقاتلون، والوحدات القتالية، والمخابئ والأنفاق، والمستودعات التسليحية في أماكن مدنية.

كما أن قذائف "الكاتيوشا" تَقرّر استخدامها بصورة مسبقة، وتُرِكَ أمر إطلاقها الميداني لطبيعة الظروف المحيطة بمطلقيها لحظة الإطلاق؛ مما جعل من مهمة تعقبها والعثور عليها من قِبَلِ سلاح الجو أمراً مستحيلاً. وفي ضوء عددها الهائل تقريباً، فقد تبين لاحقاً أن "الكاتيوشا" تشكل عصب القوة العسكرية الهجومية لحزب الله.

من خلال هذا التشخيص نخرج بالاستنتاجات التالية:

1. كان على الجيش تركيز قواته العسكرية، وأساليبه التخطيطية والتنفيذية في إبطال مفعول "الكاتيوشا".
2. إبطال مفعول "الكاتيوشا" لم يكن لينجح، ويتمّ بصورة ناجعة فقط من خلال الجو.

عملياً، وكما هو معروف، قام الجيش باستخدام مكثف، وأكثر من سواه، لسلاح الجو؛ لتحطيم "الكاتيوشا". والنتيجة النهائية قالت بوضوح إن معظم هذا السلاح الفتاك للحزب لم يتحطم فعلياً، بل إن سكان المنطقة الشمالية بقوا يعانون من آثاره.

ونتيجة من هذا النوع، ترمز، بما لا يدع مجالاً للشك، إلى افتقاد الجيش لقدرة الوصول مع حزب الله لمرحلة الحسم النهائي، بدليل نجاح الأخير في إطلاق ما بين 100–200 قذيفة صاروخية يومياً على إسرائيل خلال أيام الحرب.

من المهم التذكير هنا، أن فقدان النجاح لسلاح الجو في التكيف مع سلاح "الكاتيوشا" الكبير، لا يُعبّر عن فشل للطيران فقط، لأنه كان واضحاً منذ البداية، أنه لن يكون بمقدوره

[28] توقيع: المعرفة بآفاق وجودة الأسلحة التي يستخدمها حزب الله، وزمن الكشف: المدة الزمنية التي تمكن من المسّ بالأهداف المقترحة لتلك الأسلحة.

وحده القيام بذلك. عملياً، أثبت سلاح الجو نجاحاً واضحاً في التعامل مع القذائف غير قصيرة المدى، ونفذ طلعات هجومية بمبادرة ذاتية منه؛ لتدمير القدرات البعيدة المدى للحزب، ونجح في تدمير معظم منصات إطلاقها.

وبالنسبة للقذائف قصيرة المدى، أجرى الجيش تدريبات عديدة، ووضع خططاً ميدانية مكثفة، خلال السنوات الماضية، ومنها: حماية البلاد، ومياه عكرة، انصبت كلها على كيفية التعامل التفصيلي مع تلك القذائف. مصادر عسكرية أوضحت أنها في ضوء القذائف قصيرة المدى المكدسة في جنوب لبنان، وانتشارها في معظم أرجائه، خاصة في ضوء "الشحّ" الاستخباري الذي يعاني منه الجيش لتعقبها والعثور عليها، وصولاً لتدميرها عبر سلاح الجو، وصلت لقناعة مفادها أنه لا بدّ من عملية عسكرية برية واسعة كفيلة بإبطال مفعول تلك القذائف. واضعو تلك النظريات الميدانية، بما فيها النظرية البرية، في هدف منهم لإبطال "الكاتيوشا"، افترضوا، وعن صدق، أن التفكير بإزالة التهديد الصاروخي سيؤثر مباشرة بالضرورة على الجبهة الداخلية.

فقط في شباط / فبراير 2004، وبعد إجراء الفحوص اللازمة لهذا الموضوع، أعلن رئيس لجنة الخارجية والأمن البرلمانية، عضو الكنيست يوفال شتاينتس، ومساعد رئيس اللجنة الاحتياطية الأمنية المشتركة، عضو الكنيست عومري شارون، ومساعد رئيس اللجنة المكلفة بإعداد النظرية الأمنية وبناء القوة، عضو الكنيست أفرايم سنيه، أمام رئيس الحكومة ووزير الدفاع التحذير التالي:

> إذا تمّ تفعيل سلاح القذائف الصاروخية من جنوب لبنان باتجاه دولة إسرائيل، فإن ذلك يعني أن أضراره ستشمل ما يقرب من ربع مواطني الدولة، بدءاً من منطقة الخضيرة شمالاً. كما أن هذه الصواريخ ستعمل على تشويش الحياة العامة لمواطني الدولة، خلال أسابيع عديدة، وستجعل آلافاً من اللاجئين الإسرائيليين من شمال البلاد يتوجهون إلى وسطها، وستعمل على إحداث الشلل في قطاعات اقتصادية وأمنية حيوية، من شأنها أن تتسبب بكارثة قومية متعددة الاتجاهات. وفي لحظة أي مواجهة مع حزب الله، فمن شأن هذه القذائف أن يتواصل إطلاقها على شمال الدولة، دون القيام بعملية برية قد تستمر لعدة أسابيع. هذه العملية البرية من شأنها أن تتسبب بآثار وتبعات واسعة النطاق، من الناحية الزمنية، والنتائج السياسية المتوقعة.

ومع ذلك، وفي خضم تواصل الحرب لأكثر من شهر بعدة أيام، وإطلاق القذائف الذي لم يتوقف على الجبهة الداخلية، لم يقم الجيش بأي عملية برية مكثفة بقوات معززة[29]. وباستثناء العملية التي نفذها الجيش لتدمير مرافق البنية التحتية التابعة للحزب الملاصقة للحدود، قام الجيش بسلسلة من العمليات البرية المحلية دون آثار خارجية[30]، محدودة الحجم[31]، دون نظرية مدروسة ومشتركة، ولم تكن دائماً لتقليص إطلاق القذائف الصاروخية. والتوغل الذي وقع في بلدة بنت جبيل، التي وضعت كهدف مهم كونها تشكل هدفاً "رمزياً" للحزب، لأن نصر الله أعلن في هذه البلدة أن المجتمع الإسرائيلي عبارة عن "بيت العنكبوت"، مثّل نموذجاً على هذه العمليات[32].

عملياً، فإن طريقة العمل الجديدة التي اتبعها الجيش لم تفلح في تحقيق أهدافها الخاصة بوقف إطلاق "الكاتيوشا"، مما تطلب البحث عن طرق أخرى لإنجاز هذا الهدف من قبيل:

1. ممارسة الضغط السياسي على الحكومة اللبنانية.
2. المسّ بصورة مباشرة بالقدرات العسكرية لحزب الله.

ومع ذلك، تبين أن هذه الوسائل والطرق لم تكن مجدية، كما كان متوقعاً، بدليل أن

[29] العملية البرية الواسعة بدأت قبل يومين فقط من دخول وقف إطلاق النار حيز التنفيذ، وبالتالي لم يكن لها تأثير يذكر على توقف إطلاق القذائف الصاروخية خلال مجريات الحرب، وفي اليوم الأخير لاندلاع الحرب أطلق حزب الله رقماً قياسياً من القذائف بلغت 250 قذيفة!.

[30] إحدى المشكلات الأكثر تعقيداً التي تكشفت خلال تنفيذ العمليات البرية، اتساع الفجوة وانعدام التنسيق المشترك بين القوات البرية وبين سلاح الجو، سواء من خلال تقديم المساعدات للمقاتلين على أرض المعركة، أم إبادة أهداف العدو، وغيرها. وقد تبدت هذه المشكلة تحديداً مع القوات البرية العادية، وليس القوات الخاصة، أو المهام الخاصة. هكذا أدلى عدد من جنود الاحتياط الذين شاركوا في المعارك البرية بإفاداتهم أمام اللجنة، وقالوا: "سلاح الجو لم يبدِ اهتماماً لكل ما احتاجه الجنود في ميدان المعركة، كان لدينا تدريب عسكري في أواخر شهر أيار/ مايو، تحت اسم "عناق الأذرع"، وقد تلقينا من سلاح الجو تدريباً يخصّ التعامل مع المنطقة الشمالية، فيما تلقى آخرون كيفية تعامله مع المنطقة الجنوبية، اليوم وبعد انتهاء الحرب تبين لي أننا لم نقم بالعمل الجاد لكل ما يتعلق بمساعدة القوات البرية. هناك سبب لذلك، كما أراه شخصياً، وهو أن جزءاً من عمليات سلاح الجو الحربية كانت موزعة بصورة غير مهنية". هذا جزء من شهادة عدد من جنود الاحتياط.

[31] العدد القياسي الذي بلغه جنود الجيش الإسرائيلي المشاركين في العملية البرية في لبنان، وصل إلى تسعة آلاف جندي، لأنه في معظم الوقت عملت في لبنان قوات صغيرة ومركزة.

[32] خلال نقاش أجري في الهيئة العامة للأركان بتاريخ 16 حزيران/ يوليو، أوصى قائد سلاح المشاة بمهاجمة بلدة بنت جبيل، قائلاً: "بعد انسحاب قوات الجيش الإسرائيلي من القطاع الأمني، كان يجب القيام بعملية "تفكيك" للمكان، فهي منطقة شيعية، ويجب إبعاد سكانها شمالاً، ولذا ما زلت أفكر بضرورة القيام بعملية عسكرية، حتى لو كانت محدودة، على تلك المنطقة"، كما أن نائب رئيس الأركان أكد خلال نقاش جرى لاحقاً أن المسّ بـ"رمزية" بنت جبيل كان يجب المبادرة إليه كجزء أساسي من "قصة الحرب".

الإنجاز لم يتحقق طوال فترة الحرب، وفشل الجيش في تحقيق هذا الهدف الفعال المركزي، الذي خاض من أجله هذه الحرب.

يمكن القول إن التورط الميداني في منطقتي "مارون الراس"، و"بنت جبيل"، وأماكن إضافية في الأسابيع الأولى للحرب، ردعت صناع القرار عن اتخاذ قرار بالذهاب نحو عملية عسكرية برية أكبر من العمليات السائدة في جنوب لبنان. وبالتالي، جاء عدم النجاح ووقوع عشرات الإصابات في بعض المعارك الصغيرة، لتضع قيداً حقيقياً من مغبة التوجه نحو عملية عسكرية كبرى، قد تسفر عن فشل ذريع مصحوب بسقوط أعداد كبيرة من القتلى.

وما من شك بأن عملية عسكرية برية واسعة النطاق داخل الأراضي اللبنانية، ستواجه بضربات من قِبَل حزب الله، الذي سيعمل على التشويش على حركتها الميدانية، من خلال الكمائن المسلحة. وبالتالي، سنفقد العديد العديد من الأرواح في صفوف قواتنا.

هنا يمكن الافتراض أن الرغبة بعدم التضحية بحياة البشر وقفت عائقاً جاداً أمام متخذي القرارات؛ بحيث منعتهم من إدخال قوات الجيش برياً، داخل لبنان. ومن الممكن أن نعزو السبب أيضاً إلى أن تبعات "المستنقع اللبناني"، التي تورط فيها الجيش خلال 18 عاماً، أخرت، أو أعاقت إصدار مثل هذا القرار من قبل الحكومة.

كما أن تَطَلُّب قرار العملية البرية بالضرورة المكوث في الأراضي اللبنانية، لا سيّما المناطق السكانية، وما يترتب عليها من آثار مختلفة، فضلاً عن الرغبة بعدم فقدان المزيد من أرواح الجنود، كل تلك الاعتبارات بدت للوهلة الأولى مشروعة ومهمة لحظة اتخاذ القرار.

ومع كل ما تقدم من معطيات وأدلة، ظهر بما لا يدع مجالاً للشك عدم صدقية القرار بعدم الذهاب باتجاه عملية عسكرية برية.

المفاجأة والتخوف الذي أصيب به مقاتلو حزب الله المنتشرين في نقاط مختلفة جنوب لبنان، كان عالياً، بالرغم من علمهم أن قوات الجيش قامت بقطع الطرق المؤدية إليهم، وأغلقت عليهم المنافذ من الاتجاهات المختلفة. في هذا الوضع، وفي ظلّ عمل قوات الجيش في تلك المناطق بأحجام كبيرة، وبوسائل مفضلة، ليس من شك في أن إطلاق القذائف لصاروخية من طراز "كاتيوشا" كان سينخفض بصورة ملحوظة. كما أن مقاتلي الحزب في هذه الحالة، سيكونون مشغولين بمقاتلة جنود الجيش أكثر من انشغالهم بإطلاق

القذائف الصاروخية، وفي حالتين معدودتين كان وضع قوات الجيش والجبهة الداخلية في وضع أفضل من السابق.

ومن الجدير بالذكر، أن رئيس هيئة الأركان وضباطاً كباراً أكدوا أنه في كل لقاء جُمِع فيه الجنود مع مقاتلي الحزب، في الأماكن ذاتها المحدودة التي حصلت فيها المواجهات المباشرة، كانت يد مقاتلينا هي العليا. هنا بالإمكان الكشف عن أن الجيش اقترب من النجاح في ملاحقة منصات إطلاق الصواريخ ومقاتلي الحزب، مما كان سيتسبب في تدمير قوات الحزب، على يد قوات النخبة لدينا.

كما لا يخفى على أحد اليوم أن إحداث أضرار حقيقية بأجهزة إطلاق القذائف الصاروخية، قصيرة المدى على الأقل، وتقليص نجاعة منصاتها، كانت ستغير بالتأكيد وجهة الحرب لصالح إسرائيل، وبالتالي ستقوي من قوة ردعها.

علماً بأن التخوف من إمكانية فقدان أرواح عديدة من مقاتلي الجيش، كان يفترض أن يسرّع من خيار العملية البرية، التي لو تمت بالبداية لقللت من تلك النتائج الكارثية التي حصلت، ولقلصت من عدد الضحايا الذين سقطوا على كل الأحوال داخل الجبهة الإسرائيلية طوال مجريات الحرب[33]. ومن الناحية الجماهيرية الشعبية، كان من الواضح أن الجمهور سيسلم بـ"الثمن"، خاصة بما يتعلق بالأرواح التي سيدفعها الجيش خلال العملية البرية، بالنظر لحجم الإنجاز العسكري الاستراتيجي الذي سيتحقق بواسطة تلك العملية.

من كل ما تقدم، ينبغي القول إن نتائج المعارك الصغيرة في التجمعات السكانية اللبنانية المجاورة للحدود، لم تكن كافية بالحدّ المطلوب، مما تطلب بالضرورة القيام بالعملية العسكرية الكبرى من جنوب الليطاني، وبالتالي الإتيان بنتائج أخرى.

مقاتلو حزب الله كانوا، كما هو معروف، منتشرين وعاملين بصورة مستقلة، عبر وحدات عسكرية صغيرة ومحلية، دون الحاجة لبناء تنظيمي واسع وتقليدي. ووضع كهذا منح فائدة كبرى للحزب حين واجه قوات عسكرية نظامية، وبالتالي وضع صعوبات ميدانية أمام أي عملية عسكرية ذات نطاق واسع. كما غاب الحزب عن الأنظار لحظة انطلاق المعركة، وكأنه افتقد للتنسيق اللازم، وتوزيع القوات من منطقة لأخرى، بخلاف ما تميز به

[33] خلال الحرب قتل نحو 40 مواطناً، و119 جندياً إسرائيلياً. ولاحقاً سنأتي بأرقام دقيقة عن أعداد القتلى التي تلقاها الجيش الإسرائيلي في مرات سابقة، حين احتل جنوب لبنان، سواء خلال عملية الليطاني، أو في حرب لبنان الأولى.

الجيش الإسرائيلي؛ وبالتالي فإن جوهر قوة الحزب تناسب إدارة معارك صغيرة جزئية، في الوقت الذي اعتاد فيه الجيش على إدارة حروب ميدانية تقليدية.

وجرت العادة أن يخوض الجيش تمرينات وتدريبات واسعة النطاق وبعمق جغرافي، داخل أرض العدو، انطلاقاً من توظيف مبدأ المفاجأة، وممارسة الضغوط، واستخراج النجاح. وكان بالإمكان تنفيذ مثل هذه الطرق في إدارة المعارك، على الأقل في جانب جزئي منها، وهو ما حصل نسبياً في ساحة المعركة جنوب لبنان، وبالتالي التشويش على النواحي الأمنية والاستقرار الذي يتمتع به العدو. وتحت هذا العنوان تمّ تشغيل وتفعيل القوات البرية المقلصة الموزعة في أماكن مختلفة، مما جاء في النهاية لصالح حزب الله.

في الحرب، كل طرف يستغل مجريات الميدان لصالحه الشخصي، بإيجاد ظرف ميداني للمعركة يلائمه أكثر مما يريح الخصم، وبالطبع، لا إمكانية لخوض حروب جزئية صغيرة مثل ما حصل خلال الحرب الأخيرة.

الجيش، وفي كل ما يتعلق بمجريات الحرب جنوب لبنان، وبالذات أمام تهديد "الكاتيوشا"، لم ينجح في مجاراة الإطار النظري الذي خاضه الحزب. كما أن الامتناع الذي أبداه الجيش عن الخروج لعملية عسكرية كبرى ملحة ذات جدوى، وصولاً لتقليل حدة القذائف الصاروخية، يشير بما لا يدع مجالاً للشك إلى نقص في فهم الاستراتيجية التي صاحبت طبيعة المواجهة العسكرية.

الفجوة التي ما زالت تشهد اتساعاً في فهم طبيعة الانتصار بين إسرائيل والحزب، تتمثل في أن مواصلة الهجوم الحيوي على الحزب كقوة مقاتلة تقف أمامنا، وتواصل القتال، رفع بشكل واضح من أهمية الحاجة لتقليص إطلاق صواريخ "الكاتيوشا".

حسب مفهوم النصر لدى الحزب، فإنه لا يرى أهمية كبرى للأضرار الحقيقية التي حصلت شمال البلاد، بالمقارنة مع تواصل إطلاق الصواريخ [34]. فالمهم بنظره هو تواصل إطلاق القذائف الصاروخية بمستويات عالية ومرتفعة، وما يصاحبه من تشويش للحياة العامة للإسرائيليين، وزرع مفاهيم الخوف واليأس في نفوسهم. وبالتزامن مع ذلك، فإن

---

[34] بالفعل، فإن الضرر المباشر المادي الذي وقع بسبب سقوط ما يقرب من ألف قذيفة صاروخية على مناطق سكنية، من بين ما يقرب من أربعة آلاف قذيفة سقطت، لم يكن ضرراً كبيراً بشكل نسبي. فجوهر الضرر تركز في إحداث الشلل الاقتصادي، وتغيير عادات الحياة العادية لدى الجمهور.

تقليص حدة صواريخ "الكاتيوشا" قلب مفهوم الانتصار والحسم لصالح إسرائيل. فالغالبية العظمى من القذائف الصاروخية قصيرة المدى التي شكلت عامل الحسم، هي التي أرسلت من على بعد لم يزد في معظم الأحيان على 15 كم من الحدود الدولية، وحصل خلال حالات قليلة أن تدخلت قوات الجيش داخل الأراضي اللبنانية لتقليص مداها.

من هنا، ينبغي أن يُفْهم أن السيطرة الميدانية النسبية على الأراضي سيجعل من وقف "الكاتيوشا" أمراً قابلاً للتنفيذ؛ مما يترك المجال لسلاح الجو ليقدم الإجابات الشافية لوقف الصواريخ المتوسطة والطويلة المدى، ويوجد حلاً جذرياً لتهديدها من خلال عملية متكاملة.

وتحسباً من التخوف في التورط مرة أخرى في "المستنقع اللبناني"، ومن باب التذكر جيداً فإن "الغيبوبة اللبنانية" لم تلد فجأة مع دخول قوات الجيش إلى لبنان في حزيران / يونيو 1982؛ ففي حرب لبنان الأولى استولى الجيش على كل منطقة جنوب لبنان خلال ستة أيام، وفقد على الأقل 200 من جنوده مقابل عدو كبير، أكبر مما هو عليه حزب الله اليوم، وكان عدوه مسلحاً ومجهزاً بأفضل التجهيزات اللوجستية، كما ضمّ هذا العدو بين صفوفه قوات سورية.

في عملية الليطاني في آذار / مارس 1978 دخلت قوات كبيرة من المشاة إلى لبنان، واحتلت قرى وبلدات في الجنوب اللبناني، خلال فترة زمنية مشابهة، بجانب سقوط 20 قتيلاً.

خلال العمليتين العسكريتين السابقتين، فقد العدو المئات من مقاتليه، وأعداداً أخرى هربت من ميدان المعركة، والمعاناة التي تولدت عقبهما. وكانت نتيجة دخول قوات الجيش داخل لبنان، أن بدأ التورط الإسرائيلي في لبنان الذي استمر قرابة 18 عاماً، وعقب انتهاء حرب لبنان الأولى، وفي نهاية عملية الليطاني انسحبت القوات الإسرائيلية من الجنوب اللبناني خلال أسابيع.

وبدا واضحاً لكل متابع للشأن، أنه ما من جدوى وفائدة استراتيجية أو سياسية من البقاء والاستمرار في المناطق اللبنانية، وفي الوقت نفسه فإن الدخول هناك بغرض تنفيذ عمليات هجومية، حتى لو كان بقوات كبيرة، لا يعني بالضرورة مكوثها فترة طويلة من الزمن.

وسواء كان انسحاب الجيش من تلك الأراضي وفق اتفاق دولي، وبتدخل من الأمم المتحدة، كما حدث فعلاً، أم وفق منظور أحادي الجانب بعد توجيه ضربات قاسية من قبل حزب الله، فقد تسبب هذا الأمر، على كل الأحوال، بتراجع قوة الردع الإسرائيلية.

بتلك الطريقة، بدا واضحاً أن الحزب يتقوى رويداً رويداً، وأن الجيش ترك الأراضي اللبنانية، حسب رغبته، في تعارض واضح للمصالح الإسرائيلية. وفي الوقت الذي كان فيه الحزب يعاني من ضعف في قواته العسكرية، كان سهلاً على الحكومة اللبنانية بسط سيادتها في الجنوب اللبناني، وهو من أبرز أهداف الحرب الأخيرة.

وهناك من يزعم بأن عملية عسكرية إسرائيلية كبيرة وواسعة النطاق، في الجنوب اللبناني، ستزيد من "شرعية" العمليات العسكرية التي ينفذها حزب الله، وربما تعمل على استدراج لبنان كـ"دولة" إلى عمليات مكشوفة ضدّ إسرائيل. ولكن هذه المزاعم وغيرها بحاجة لفحص جدي مع بداية الحرب، ومحاولة دحضها، بعد ترجيح الخيارات القائمة، انطلاقاً من المعطيات التالية:

1. **شرعية حزب الله**: لا يجب تجاهل حقيقة أنه مع غياب تنفيذ العملية العسكرية البرية الواسعة، قام الحزب بتفعيل واستخدام كل قواته العسكرية ضدّ إسرائيل، وحظي بالدعم الشعبي، الذي تنامى مع دخول القوات الإسرائيلية قلب الأراضي اللبنانية، وشكل دوراً كبيراً في تعديل ميزان القوى العسكرية الميدانية.
2. **لبنان**: مع بداية المعركة، قرر المستوى السياسي الإسرائيلي تركيز القتال ضدّ الحزب ومواقعه العسكرية، من خلال تفعيل الضغط السياسي على الحكومة اللبنانية[35].

في هذا الإطار قررت الحكومة عدم المسّ بأهداف البنية التحتية المدنية اللبنانية، بعكس توجهات وتوصيات الجيش ومطالبه[36]. وجاء استهداف مواقع البنية التحتية

[35] من الجدير بالذكر لفت الأنظار في هذه الحالة إلى غياب التنسيق بين السياسة الإعلامية للحكومة مع افتتاح الحرب، من خلال تحميل الحكومة اللبنانية مسؤولية حادثة اختطاف الجنديين، وبين العمليات العسكرية الميدانية من خلال اقتصارها على استهداف المواقع التابعة لحزب الله فقط، وخلال مجريات الحرب اختلفت الرسالة الإعلامية بعد أن حُمِّل حزب الله وحده مسؤولية حادثة الاختطاف.
للتوسع في هذا الموضوع بالإمكان الرجوع إلى تقرير اللجنة الخاصة بالإعلام والعلاقات العامة، التي فحصت أداء الإعلام الإسرائيلي خلال حرب لبنان الثانية.

[36] وفي هذا الإطار أيضاً تقرر عدم استهداف سورية أو استدراجها للدخول في حرب، ورسائل من هذا النوع وصلت سورية من طرف إسرائيل. فالماضي أثبت أكثر من مرة أن ممارسة الضغط السياسي على الحكومة/ الدولة اللبنانية كان بغرض إيجاد تغييرات جدية على علاقتها مع إسرائيل، و/ أو محاولة تعديل موازين القوى الداخلية اللبنانية. وكان من المناسب أن يتم التركيز على استغلال ضعف حزب الله العسكري على يد إسرائيل، بالتوازي مع ممارسة أكبر قدر من الضغط السياسي – الدبلوماسي على الحكومة اللبنانية، حيث كان من شأن ذلك أن يوجد نتائج عسكرية في ميدان المعركة، إلى جانب النتائج السياسية، فضلاً عن توظيف ذلك في موازين القوى اللبنانية الداخلية، وأثر ضعف حزب الله فيها.

اللبنانية ليغير بصورة مطلقة تطورات الحرب، وربما الوصول لمرحلة "الحسم المبكر" لصالح إسرائيل.

لكن كانت الرغبة الإسرائيلية تقضي بتركيز الحرب ضدّ الحزب ومواقعه العسكرية، وتدعيم موقف الحكومة اللبنانية، ومحاولة إبقائها على الموقف ذاته المضاد للحزب، انطلاقاً من الفهم القائل بأن الحكومة اللبنانية هي من سيقف على رأس الدولة في اليوم التالي لانتهاء الحرب، وهي من ستقوم بإجراء التغييرات المطلوبة ميدانياً في الجنوب اللبناني. وطوال مجريات الحرب، تمّ انتقاء الأهداف المرشحة للاستهداف بتركيزها في المواقع العسكرية التابعة للحزب، وتلك المواقع غير العسكرية التي تخدمه في حربه ضدّ إسرائيل، عبر تعطيل حركة الطيران الجوي، ومحاصرة الشواطئ البحرية.

لذلك، باتت هناك قناعة لدى أوساط عديدة من الجيش والحكومة بأن استهداف المواقع العسكرية التابعة للحزب فقط من خلال عملية عسكرية واسعة النطاق في الجنوب اللبناني، كان يمكن أن يضم لبنان وسورية للمعركة ضدّ إسرائيل.

توصيات اللجنة: إجراء مزيد من العمليات البرية في عمق أراضي العدو، من شأنه إحداث تشويش على البنية العملياتية للتخطيط العسكري الذي ينفذه العدو، واحتلال أراضي العدو يعدّ الإشارة الأكثر وضوحاً على نجاح طرف ما في الوصول لمرحلة الحسم، سواء في المستوى المعرفي النظري، أو المادي الملموس.

وبالتالي فإن التهديد بإمكانية احتلال مزيد من الأراضي الخاضعة لسيطرة العدو، كان من شأنه تقوية القوة الردعية لنا، بل ومنع نشوب الحرب من الأساس. وفي أحيان كثيرة، يمكن أن تأتي العملية العسكرية البرية في إطار الخطوات االتكتيكية الملائمة أكثر ضدّ التهديدات العسكرية الكبرى.

في ضوء ذلك، يمكن تقدير، أن المطلوب بصورة أساسية، إجراء تدريبات وتسليح معدٍّ جيداً للقوات البرية، لا سيّما إذا اشتد مفعول النيران المضادة، والتمرينات البرية، عبر الرغبة بالسيطرة الميدانية على أراضي العدو، بحيث تغدو مركباً رئيساً من مركبات الحسم العسكري في مستوياته المختلفة. وطالما أن جبهة القتال المشتعلة تجاور الحدود الإسرائيلية، وأن العدو يعمل بقوة متصاعدة، فلا بد من نقل المعركة

لأرض العدو واستهداف مواقعه هناك، لاسيّما عبر تحديد النيران تجاه أهداف العدو، مع إحاطتنا التامة بحقيقة مفادها أن "فنون المعركة" لا تقتضي بالضرورة القيام بتدمير كامل ونهائي لأهداف العدو.

وفي ظلّ المعطيات الجيو–سياسية الحالية، يجب توفير قوات عسكرية كبيرة بما فيه الكفاية، للتعامل مع جبهة القتال والمواجهة المتوقعة. وبالتالي فإن حدوث أي تغييرات في البيئة الاستراتيجية و/ أو الظروف الجيو–سياسية يتطلب تجديداً حقيقياً في التفكير العسكري وتركيباته الميدانية.

على كل الأحوال، كان يجب إسناد القوات البرية بمزيد من الكتائب العسكرية، لا سيّما من وحدات المشاة المدربة جيداً، والمسلحة بصورة تبدو ملائمة ومناسبة لطبيعة جبهة القتال المستقبلية[37].

في التفاصيل، يجب القيام بحملات تدريبية مكثفة للمستويات القتالية الخاصة بتنفيذ العمليات الهجومية في ميدان المعركة، بجانب منحها أفضل الأسلحة والمعدات اللوجستية، لتعديل موازين القوى لصالح الوحدات البرية، وجميع الأجزاء التقنية المتعلقة بها.

كما أن اللجنة توصي، بإجراء تدريبات دائمة لهذه القوات، بجانب القيام بالتنسيق الميداني المشترك بين سلاح الجو وقوات المشاة، بالإضافة إلى أن جزءاً أساسياً من عمليات سلاح الجو، التي تركزت عملياته خلال الحرب، جاءت أساساً لتكون إسناداً لقوات المشاة في ميدان المعركة. وهنا من الضروري تدريب سلاح الجو على إجراء التنسيق اللازم والمحتم مع قوات المشاة العادية، وليس القوات الخاصة، للمساعدة في ميدان المعركة، والقيام بمهام الإنقاذ، وتدمير أهداف ذات قيمة عليا بالنسبة للعدو.

---

[37] جزء أساسي من قوات المشاة البرية يصل أساساً من صفوف الاحتياط، وعن هذا الموضوع سيتركز النقاش في الفصل الخاص بالحديث عن الاحتياط.

تهديد الصواريخ

تعدّ الدبابة السلاح الأمضى في تنفيذ عمليات برية ميدانية في عمق أراضي العدو، وسلاح البر يعمل على إنتاج معدات قتالية بجانب الدبابة، كحاملة الجند على سبيل المثال. وحرب لبنان الثانية شهدت "تقدماً" في مدى التحدي الذي تمثله القذائف الصاروخية المضادة للدبابات، خاصة في ميدان المعركة، التي عاشت استخداماً متطوراً لها، في المدى والدقة.

وكما ورد سابقاً، حزب الله طور خلال السنوات التي سبقت الحرب الأخيرة أسلحته المضادة للدبابات بصورة كبيرة ونوعية في آن واحد، وخلال الحرب استخدم مقاتلوه قذائف مضادة للدبابات والدروع بصورة مكثفة، بما فيها صواريخ الكتف، وأسلحة ضدّ الدبابات، وناقلات الجند والجرافات، ومعدات عسكرية أخرى. والخلايا العسكرية التي تخصصت في القذائف المضادة للدبابات خرجت من داخل البيوت المدنية، وقرى الفلاحين، ومن على أسطح البنايات، ونقاط مسيطرة على مساحة المكان[38].

وبعكس الآراء السائدة لدى قطاعات واسعة من الجمهور، فبالرغم من الاستخدام الفعال لمضادات الحزب الصاروخية، أثبتت الدبابة "ميركافاه 4" أنها الدبابة **الأكثر تحصيناً** التي استخدمها الجيش الإسرائيلي في الحرب للمرة الأولى. فعدد القتلى المتوسط، الذين سقطوا بسبب كل صاروخ أصاب دبابة صغيرة يصل إلى 50% من أعداد القتلى الإسرائيليين في الحروب السابقة، ونصف الدبابات التي أصيبت بفعل هذه الصواريخ تمّ اختراقها، وعدد القتلى والمصابين بداخلها منخفض نسبياً بعكس ما كان الوضع عليه خلال حروب الماضي. وبجانب إجراءات التحصين والحماية التي قام بها سلاح المشاة، يجب الانتباه إلى أن الدبابات التي استخدمت في الحرب خالفت الطريقة التقليدية التي اتبعها سلاح المشاة في إدارته وتوظيفه لأسلحته ومعداته. حيث نشرت الوحدات الخاصة بين باقي الوحدات العاملة التقليدية، أما الدبابات تمّ استخدامها وسط مجموعات صغيرة من المعدات العسكرية، وصولاً لأن تكون وحيدة منعزلة. فمعظم الدبابات التي أصيبت

---

[38] حزب الله استخدم أيضاً المساجد ودور العبادة، والمستشفيات، ومواقع مدنية إضافية؛ من أجل تخزين أسلحته وتشغيل خلايا إطلاق الصواريخ. كما أن نقل المعدات اللوجستية تمت من خلال مركبات، ووسائل نقل مدنية.

خلال الحرب كانت تتخذ موقفاً ثابتاً لفترة زمنية طويلة نسبياً، أو أنها في مهمات مرافقة، أو حماية، أو إخلاء[39].

معظم القذائف التي استهدفت الدبابات، أي ما يقارب 60% منها أُطْلِقَت من مناطق لم يتمّ "تطهيرها" من قبل القوات البرية. وبالتالي جاءت طبيعة تشغيل هذه الدبابات مخالفة لما يعرف عسكرياً بـ"نقاط الضعف والقوة"، علماً بأن انتهاج الوسائل المعروفة عالمياً في تشغيل الدبابات كان يمكن أن يأتي بنتائج جيدة، بجانب توفير وسائل حماية وتحصين أكثر.

إليكم إفادة أدلى بها قائد إحدى وحدات المشاة، وشارك في حرب لبنان الثانية: "أصيبت لنا ثماني دبابات بصواريخ مضادة، وجميع تلك الدبابات كانت تحت إمرة قيادات مختلفة من سلاح المشاة، الأمر الذي أفسح المجال لاجتهادات متناقضة بين القادة العسكريين، وبالتالي وقوع هذه المعدات تحت ضربات القذائف المضادة".

توصيات اللجنة: انطلاقاً من الفرضية القائلة بإمكانية تعاظم قوة القذائف الصاروخية المضادة ضدّ الدبابات والمعدات العسكرية، وفي ضوء استخلاص دروس الحرب، نوصي بـ:

1. **ضرورة الاستمرار في إنتاج مزيد من دبابات "مركافاه 4"، وصولاً للاستغناء الكامل عن الدبابات القديمة.**
2. **تجديد أفواج التجنيد الخاصة بسلاح المشاة.**
3. **منح هذه الأفواج تسليحاً ودعماً لوجستياً.**
4. **إنتاج أجيال جديدة من التحصينات الكفيلة بإبطال مفعول القذائف المضادة.**

في المقابل، يجب العودة عن أساليب القتال التقليدية القديمة، واستخدام أفضل ما أنتجته المدارس الحربية الحديثة؛ بحيث يتمّ استخدام تلك المعدات بالطريقة الأكثر نجاعة.

[39] وقع على كاهل سلاح المشاة مهام لم تكن أصلاً من مهامه القتالية الموجودة في النظريات العسكرية، ولذلك ضاع وقت كثير، وأهدرت القوة الردعية التي امتلكها سلاح البر الإسرائيلي على مدار العقود الماضية. كما تجدر الإشارة إلى أنه في حرب لبنان الثانية أنيطت الدبابات والمدرعات بمهام ووظائف استخدمت خلال الحرب العالمية الأولى، خاصة على صعيد إيصال المساعدات.

اللجنة ترى أهمية قصوى للتعامل مع القذائف الصاروخية المضادة للدبابات، في ضوء الحاجة الملحة للوصول لمرحلة الحسم الحربي عبر وسائل قتالية برية ميدانية، وبقوات من سلاح المشاة.

وحسب تقديراتنا، فإن التعامل والتكيف مع القذائف الصاروخية بصورة متطورة ممكن، من خلال اللجوء لوسائل حديثة، في ضوء إجراء مزيد من التطوير على هيئات الصناعات العسكرية الملائمة لهذا النوع من التحدي الجديد.

الاحتياط، الواجبات والتأهيل

تأهيل جهاز الاحتياط:

جهاز الاحتياط داخل الجيش يشكل العمود الفقري للقوات البرية، ووحدات الاحتياط الوافدة في معظمها من القوات النظامية، التي أنهت للتو خدمتها العسكرية، ووصلت في الماضي لمراحل الحسم في الحروب التي خاضتها؛ مما جعلها تشكل صلب القوة الرئيسة للجيش. وبالرغم من ذلك، فقد كشفت حرب لبنان الأخيرة عن ثغرات كبيرة في مدى التأهيل الذي تحظى به قوات الاحتياط، وحجم الاستعداد الذي تبديه في تنفيذ عملياتها العسكرية. فمعظم الوحدات العسكرية في الاحتياط، ممن شاركت في حرب لبنان الثانية، لم تجرِ تدريبات عسكرية كما ينبغي خلال السنوات الخمس الماضية، وتجلى ذلك في:

1. غياب التدريبات الحية على استخدام النار، وفي أطرها المنظمة.

2. افتقادها لتدريبات الأجهزة العسكرية، والوسائل الميدانية المساندة.

3. عدم تنفيذ تدريبات قيادية "بالذات"، بين سنوات 2000-2004.

إضافة لذلك، غاب عن معظم وحدات الاحتياط، المشاركة في حرب لبنان، المخططات التنفيذية الميدانية الملائمة لمواجهة مفترضة مع حزب الله، حتى أنها تكاد تكون غير متدربة عليها إطلاقاً. ومع هذا، فإن معطى خطيراً كهذا لم يؤثر على طبيعة اختيار الوحدات القتالية من بين صفوف الاحتياط.

إن القرار الصادر بخصوص تقليص موازنة تدريبات سلاح المشاة، أدى ضمن أسباب أخرى لإعداد نموذج خاص للتدريبات السنوية، ولكنه لم يجد طريقه للتنفيذ؛ ولو طبق على أي حال، فلن ينجح في تجهيز القوات لمستوى الاستعداد المطلوب.

التدريب غير الدوري لم يصل إلى نهايته لحظة دخول الجيش للمعركة، لا سيّما وأن هذه الخطة لم تتضمن مستوى تأهيلياً كاملاً، ولم تشتمل على عناصر التنسيق اللازمة في ظلّ تراجع جاهزيته.

قيادة سلاح المشاة، المكلفة بمسؤولية تأهيل الوحدات العسكرية المقاتلة، وجب عليها أن تعلن للجهات المختصة عشية الحرب عن عدم جاهزيتها. وبالتالي الوقوف في وجه محاولات تجنيد صفوف الاحتياط في هذه المرحلة المبكرة، وما يتبع ذلك من تدريبات وتسليح. والأمر

يزداد وضوحاً إذا علمنا أن قائد سلاح المشاة كان إلى زمن قصير فقط قبيل اندلاع الحرب، قائداً للمنطقة الشمالية، وبالتالي عَلِم بتفاصيل الخطط العسكرية، ومدى احتياجاتها النابعة من ميدان المعركة الافتراضي.

كان يجب متابعة منح جنود الاحتياط الدروس اللازمة في مستوياتها العليا، وإشعارهم بمدى التحسّن الذي طرأ على تجنيدهم، وبالفعل فإن ما حدث خلال مجريات الحرب أنهم أظهروا رباطة جأش ورغبة فائقة في خوض المواجهة التي دارت.

ومع ذلك، ففي عملية التجنيد التي حصلت في صفوف الاحتياط، كُشِفَ النقاب عن جملة من العقبات والإخفاقات غير المنطقية، ومنها:

1. استدعاء جنود الاحتياط ليلة السبت[40].
2. و/ أو استدعائهم خلال ساعات الليل القصيرة دون الحاجة لذلك.

مستوى التدريبات والتأهيل العملياتي، لجنود الخدمة النظامية، التي يحصلون عليها خلال هذه المرحلة، لها بالتأكيد آثار ونتائج على مستواهم التأهيلي خلال فترة الاحتياط. ولذلك فإن حجم الضرر الذي أصيبت به التدريبات التي يتلقاها جنود الخدمة النظامية أثر سلباً كما اتضح لاحقاً على مستوى تأهيل جنود الاحتياط[41]. ومع تقادم السنوات، وابتعاد جنود الاحتياط عن العمليات العسكرية المكثفة، ينبغي أن تكون قد ارتفعت مستويات التفكير لدى قادة الجيش بضرورة تكثيف برامج تدريبهم وتأهيلهم، خاصة في ضوء السلبيات التي لحقت خلال السنوات الأخيرة، على صعيد التدريب، والتمارين، والتسليح، الخاصة بجنود الاحتياط. وبالتالي وجدوا أنفسهم في حرب لبنان الثانية بصورة غير مؤهلة ومستعدة بالقدر الكافي.

وجاء غياب التجارب القتالية، في ضوء عدم امتلاك الاحتياط للتأهيل الرسمي والنظامي، ليسود بين غالبية الجنود اليوم. وبالتالي فإن انشغال القوات العسكرية بالقتال في الضفة الغربية، في مواجهات محدودة، أثر بصورة واضحة على تأهيلها، وطبيعة نظرياتها الحربية،

---

[40] وهو الأمر غير المحبب حسب الشريعة اليهودية.

[41] مثال صارخ على حجم الأضرار التي لحقت بالتدريبات الأساسية للقوات النظامية هي التقليصات التي حصلت في موازنة الأطقم والوحدات والكتائب في سلاح المشاة، وكان لهذه التقليصات آثار سلبية جداً على الوضع المستقبلي. وهو الأمر الذي يبني عليه سلاح المشاة قوته العسكرية، طوال فترة خدمته؛ النظامية والاحتياط على حدٍّ سواء.

والتفكير العسكري الذي يسيطر على الجيش؛ النظامي منه والاحتياطي. وتبدى ذلك في الوقت الذي انتقل فيه الجيش لجبهات قتالية مختلفة عما كان عليه الوضع في الضفة.

التسليح والواجبات:

فيما يتعلق بموضوع التسليح الكافي للجنود في الميدان، سواء تسليحاً فردياً، أم قتالياً، أم دعماً لوجستياً يتعلق أساساً بالتجهيزات الإنسانية والطبية، فقد كشفت الحرب الأخيرة عن فجوات كبيرة بين التجهيزات التسليحية في مستودعات الجيش حالياً، واحتياجات جنود الاحتياط. ولاشك أن ظاهرة الاحتجاج التي أبداها جنود الاحتياط، الذين اضطروا، بين يوم وليلة، للتسلح على حسابهم الشخصي، أو على حساب المتبرعين، كشفت عن هذه الإشكالية.

فالحاجات العملياتية للقوات المقاتلة في ميدان المعركة، لم تجد مرادها اللوجستي في مستودعات الجيش، وفي بعض الحالات احتاجت لعينات محددة من بعض الأسلحة، وحين ذهبت للمخازن فوجئت بخلوها مما تطلبه، سواء من الناحية الكمية أو النوعية! وفي حالات أخرى، اكتشفت فجوات بين حجم الطلب على المعدات التسليحية والإمكانيات المتواضعة الموجودة في المخازن. والمسألة هنا زادت عن حدها حين دار النقاش حول ما إذا كان هذا النقص شمل القوات النظامية، فما بالنا والحديث يدور عن وحدات الاحتياط التي شاركت في مجريات الحرب؟ كما وصل هذا النقص أيضاً للمساعدات الأمنية الاستخبارية، وأخذ ذلك نماذج مثل استخدام "خرائط" قديمة غير محدثة!.

وبرزت فجوات متعلقة بطبيعة التعامل الإداري مع جنود الاحتياط، وتسليحهم، وإمدادهم بالدعم اللوجستي المطلوب، التي ظهرت أساساً عقب تقليص القوى البشرية المدربة جيداً. ومع ذلك، فإن حجم التأهيل والصلاحية التي كانت عليها حالة المواد التسليحية في المخازن والمستودعات جيدة نسبياً.

وفيما يتعلق بالذخيرة الحية، لم تكن الخطط العسكرية السنوية والنماذج التي اعتمد عليها في تسليح الوحدات القتالية، متطورة بما فيه الكفاية، لمواجهة ظروف معينة متوقعة. وحدثت تغييرات جوهرية على طبيعة التسليح، الذي قامت به قيادات الوحدات العسكرية في السنوات الأخيرة السابقة للحرب، وجاءت التغييرات عميقة وذات تأثير كبير، وكان لها آثار

عديدة تعلقت أساساً بـ"تغيير سلم الأولويات" الخاص بتشغيل القوات العسكرية.

جزء من النموذج الجديد في تسليح القوات اكتشف خلال الحرب الأخيرة، حيث تجلى النقص الحاد في إمداد الدبابات بالذخيرة اللازمة؛ مما أثر بدوره على قوة النيران التي أطلقتها قوات المشاة، وبرزت الفجوات الكبيرة في مدى تأهيل القوات اللوجستية. وفي مجال تسليح القذائف 105-120 ملم لم تظهر فجوات تذكر، لكن يجب التذكير جيداً أن هذه الأسلحة استخدمت في مرات معدودة خلال الحرب، وفي أوقات محددة. وفي سلاح المدفعية، استخدمت، بصورة مكثفة، قذائف 155 ملم، مما أظهر بشكل واضح حجم الفجوات في استخدامها.

أخيراً، من الجدير بالذكر أن حرب لبنان الثانية أظهرت ارتفاعاً ملحوظاً في مستوى التسليح بصورة دقيقة. وعلى جميع الأحوال، عرفت الحرب آلاف الجنود المسلحين الأذكياء، ممن استخدموا أسلحتهم ذات الأنواع المختلفة بطرق حكيمة.

توصيات اللجنة: مجمل الأخطاء التي أشارت إليها تطورات الحرب، إلى جانب تطورات أخرى شهدتها، مست بصورة سيئة بتدريبات جنود الاحتياط في مستويات عليا داخل قيادة الجيش.

وانطلاقاً من أن قوات الاحتياط، كما هو معروف، تعدّ العمود الفقري والمُكوِّن الأساسي للجيش الإسرائيلي، فقد وجب إصلاح جميع "الأعطاب" التي لحقت بها، ضمن المحاولات الجارية حالياً لاستعادة الثقة بمؤسسة الجيش.

في هذا الإطار، وكجزء من قانون الاحتياط، يجب تطبيق نموذج سنوي متطور وملائم للجهود التي تبذلها قوات الاحتياط ضمن التدريبات والعمليات العسكرية؛ للحفاظ على مستوى تأهيلي مناسب في وقت الحرب. وهنا نرى ضرورة تخصيص موازنة في حدها الأدنى، وإدارتها بصورة مناسبة تعمل على المحافظة على سلاح الاحتياط، واستخدامه وقت الحاجة له، عبر استحداث جهاز خاص يقوم على تأهيله، مع مراعاة الرؤية الاستراتيجية لسلاح الاحتياط، ومراعاة تركيبته المعقدة.

ويجب منح قوات الاحتياط فرصة التدرب على حروب حقيقية في مواقع مختلفة، عبر إشراك قوات نظامية في التدريبات بجانب الاحتياط، بما في ذلك محاربة الإرهاب،

وحراسة الحدود؛ مما يحافظ على تأهيلها البنيوي، ويجعلها مستعدة لأي لحظة طوارئ. كما يفترض أن تكتسب قوات الاحتياط القدرة على تنفيذ مهام عملياتية، للقيام بالتخطيط لأهداف مختلفة كأساس لبناء القوة العسكرية والتأهيل العسكري البحت.

وبدا واضحاً أن التدريب المكثف اليومي عشية انطلاق أي حرب، يمكن أن يؤدي لتحقيق فوائد جمة لمدى التأهيل العسكري للوحدات القتالية، وغياب تأهيل كهذا، من شأنه أن يجعل قادة الجيش وصناع القرار يقعون في أخطاء ميدانية، ولا يبدون الاستعدادات المطلوبة لقواتهم مع دخول الحرب بصورة عملية.

في المجتمع الإسرائيلي عموماً، وفي أوساط جنود الاحتياط خصوصاً، يتعالى اليأس والإحباط شيئاً فشيئاً مع الشعور الجارف بعدم المساواة في الإجراءات الأمنية الممنوحة لهم. الأمر الذي من شأنه التسبب بوقوع أخطار محدقة؛ مما يحتم على الجيش والحكومة العمل على تغيير الوضع القائم. ومن بين الخطوات المطلوبة، اتخاذ سياسة تُعنى بجنود الاحتياط بصورة أكبر من الحالية، ومنحهم الأفضلية والنظر إليهم كونهم مجموعة منتقاة ونخبوية.

ويجب إيلاء الجنود النظاميين التدريبات اللازمة، وتوفير المتطلبات التي تجعلهم على أهبة الاستعداد على الدوام، لنحافظ على لياقتهم وتأهيلهم طوال فترة خدمتهم النظامية.

وبالتالي، يأتي عدم قيام الجيش باستغلال ما لديه من وسائل قتالية وأساليب حربية، لا سيّما في مجال سلاح البر والمشاة، وعدم تنفيذ مهام عملياتية بالاشتراك والتنسيق ما بين عدد من الأسلحة في آن واحد، ليمسّ بصورة سلبية في تأهيل الضباط والجنود على حدٍّ سواء.

كما جاء الانشغال من قبل الجيش بمحاربة الإرهاب، والعمليات اليومية في الضفة الغربية وقطاع غزة، على يد وحدات لم تعدّ عسكرياً للقيام بهذه المهام، ليضرّ أكثر فأكثر بتأهيل القوات التي تمّ تدريبها وإعدادها للقيام بمهام على جبهات أخرى من القتال، تختلف بالضرورة عن الوضع في المناطق.

في ضوء هذا الوضع، تتنامى الرغبة بمنح هذه القوات النظامية، على وجه الخصوص، تدريبات مختلفة لتكون مستعدة لأي مواجهة، محدودة أم واسعة، خاصة على صعيد التنسيق بين الأجهزة والأسلحة المختلفة. ويجب الاعتماد على خطط عسكرية عملياتية، وتدريبات مكثفة، تشمل كلا المستويين في الجيش، النظامي والاحتياط.

وفي مجال التسليح، من المناسب تزويد جميع الوحدات القتالية بالأدوات التسليحية اللازمة، حسب سلم الأولويات، التي توضع وفقاً للاحتياجات العملياتية، وتقدير حجم وطبيعة التهديدات القائمة. ويجب تفعيل دوائر الرقابة على طبيعة التسليح والدعم اللوجستي المقدم، سواء كان السلاح شخصياً أم تسليح الوحدات أم للاحتياجات الشخصية والطبية[42]. ولا يجب السماح بأن يتمّ استخدام التسليح بصورة معدة مسبقاً دون "تحديث" احتياجات الوحدات القتالية، لا سيّما المنخرطة في صفوف الاحتياط، من قبل الوحدات النظامية، وفي الوقت ذاته لا يجب انتظار ساعات الطوارئ للمبادرة لتسليحها ودعمها لوجستياً، بل يجب توفير الحدّ الأدنى من الاحتياجات البشرية المطلوبة لتقوية وحدات الجيش وأجهزته.

ومن أجل القيام بتوفير التسليح والذخيرة المطلوبة، توصي اللجنة بالعمل بصورة سريعة وذكية لاستكمال إمداد الوحدات القتالية بالأسلحة اللازمة، على أعلى مستوى عسكري مطلوب، عشية اندلاع الحرب. في هذا الإطار، نرى أهمية كبيرة لضرورة تطوير التأهيل اللازم والاكتفاء المطلوب في تفاصيل التسليح المختلفة، خاصة في لحظات الطوارئ؛ لأن المحافظة على مستوى مرتفع من الإمداد اللوجستي سيعمل على رفع مستوى قدرات الجيش، وصولاً لنجاحه في تحقيق مرحلة الحسم العسكري أمام العدو.

كما أن التخطيط للوصول لمستوى الاكتفاء من التسليح والدعم اللوجستي بحاجة لتطوير جهاز الأمن والاستخبارات، ومحاولة "تحديث" خطط الجيش وبرامجه العسكرية الفعالة، والنظرية القتالية التي يخوض وفقها حروبه، إضافة للمفاهيم

---

[42] تحت عنوان: "البناء والتنظيم" يظهر موقفنا بالنسبة لمسألة التسليح والدعم اللوجستي، ويبدو الدعم اللوجستي للوحدات القتالية أكثر ضرورة من سواه من الاحتياجات الأخرى.

الأمنية التي يستند إليها. كما أن تغيير سياسات التسليح وإمداد الجيش بالذخيرة، تأتي في ختام النقاشات الجارية لفحص مدى التهديدات التي تحيط بالجيش، وطرق العمل التي سيواجه بها هذه التهديدات.

كما أن الوضع الذي تنبع من خلاله التغييرات المتوقعة في سياسات التسليح والدعم اللوجستي، من خلال خطط بعيدة عن الواقع الميداني الذي يحياه الجيش، محلياً وإقليمياً، هو وضع غير سليم ويحمل مخاطر عديدة. بالإضافة إلى أن وضع نظام رقابة على السياسات التسليحية القائمة بات مسألة ملحة وضرورية لا غنى عنها للجيش، بسبب الحاجة للمحافظة على مستوى استعدادي مطلوب من قبله. وهذه الرقابة التي يجب أن تبدأ من أعلى مستوى في الجيش –الهيئة العامة لرئاسة الأركان– مطلوب القيام بفحصها بصورة دورية، وعملياتية، واختبار مدى فعاليتها ميدانياً، ولا يجب الاكتفاء فقط بحصرها بصورة عددية رقمية.

تقييم تفعيل النيران

إن قيام الحرب الأخيرة على أساس النيران الحية، أدى لاستخدام مكثف وغير مسبوق، لمستويات عالية ومرتفعة من التسليح منذ بداية الحرب. وبالتالي، لم تنجح محاولات "تقييد" حجم الاحتياجات من قِبَل اللجنة التي عينتها هيئة الأركان، ولم تقم اللجنة بقراءة جيدة ومنطقية للوسائل الفعالة العملياتية، في وسائل التسليح والذخيرة، لحظة اتخاذ القرار بالذهاب للحرب وخلال مجرياتها.

مثال صارخ على ذلك: استخدام قذائف المدفعية من طراز 155 ملم، هناك أكثر من 150 ألف قذيفة أطلقت خلال أيام الحرب التي استغرقت شهراً ونيف، دون الحصول على نتائج ذات قيمة مقابل الاستخدام الواسع لها. بشكل عام، سلاح المدفعية وجهاز النيران الأرضية تمّ تفعيله للتشويش على مطلقي القذائف الصاروخية من جهة، ولمساعدة قواتنا العسكرية المهاجمة من جهة أخرى. وحسب الطبيعة المتسعة لإطلاق القذائف، وفي ضوء التحليل الميداني لحجم إطلاقها؛ فإن تأثيرها على حجم فعالية قذائف حزب الله الصاروخية كان محدوداً وقصير المدى. ويكاد يكون غير مؤثر على الحزب طوال أيام الحرب. وفي ضوء المساعدة التي قدمتها نيران المدفعية لقواتنا المهاجمة، أهدرت كميات هائلة منها، مقابل التأثير المتواضع لفعاليتها، في ظل غياب الرقابة المطلوبة والفعالة من قبل الجهات المختصة في الجيش.

فقط بتاريخ 28 تموز/ يوليو، وبعد أكثر من أسبوعين على اندلاع الحرب، عُرِضَ أمام رئيس هيئة الأركان تقرير عن طبيعة التسليح الذي تمّ توفيره لوحدات الجيش، وفي أعقاب التقرير قرر رئيس هيئة الأركان انتهاج سياسة تسليحية جديدة، بقيت مستمرة طوال الأسبوعين المتبقيين من الحرب، وتمّ تمريرها على قادة الجيش وضباط الوحدات. ورغم القرارات التي اتخذتها قيادة هيئة الأركان بالنسبة لـ"تحديد" الاحتياجات التسليحية، لم تنجح اللجنة المكلفة من قبل الهيئة بتمرير قراراتها على مختلف أجهزة الجيش وقياداته الميدانية.

توصيات اللجنة: بجانب الحرص على التمرينات البرية، احتلت قوة النيران الحية جزءاً أساسياً من فعالية الجيش في الحرب الأخيرة، مما يستدعي وجود مستوى عالٍ

من الاكتفاء التسليحي، بالإضافة إلى تفعيل جهاز الرقابة الفعالة على حجم التسليح الذي يصل لوحدات الجيش الحربية، خاصة عند اندلاع المعارك.

هذه الرقابة يجب أن تكون شاملة لمختلف المستويات القيادية في الجيش، بدءاً بالهيئة العامة للأركان وانتهاءً بالضباط الميدانيين والأذرع العسكرية. وهنا لا يجب الاكتفاء فقط بالقيام بعملية حصر عددي لكميات الذخيرة المتوفرة في المخازن والمستودعات، بل قياس مدى الفعالية والجدوى العملياتية الناجمة عن استخدامها. ومن خلال تلك الرقابة المتعددة الأوجه التي ينفذها عدد من الجهات، يمكن إعداد خطط تسليحية ملائمة لمختلف الأهداف المتوخى استخدامها عبر هذه الذخيرة.

جهاز الاستخبارات

حذرت أجهزة الاستخبارات الإسرائيلية سنة 2005 من إمكانية اندلاع احتكاك عسكري مع حزب الله خلال سنة 2006، بما في ذلك نوايا الحزب لاختطاف جنود، خاصة بعد فشله في محاولات سابقة في هذا الخصوص.

وبالتالي جاءت محدودية الأذرع الأمنية والمنابع المعلوماتية في عدد من الجبهات المختلفة، لتدفع الحزب لاستثمار جهود كثيرة في المجال الأمني.

فيما يتعلق بالصورة الأمنية الاستخبارية المتعلقة بالحزب خلال الحرب، من الممكن تقسيمها إلى شقين:

1. معلومات حول الصواريخ طويلة ومتوسطة المدى التي تنطلق أحياناً من الضاحية.
2. معلومات حول الصواريخ قصيرة المدى وسلاح المشاة الخاص بحزب الله.

وفقاً للشقّ الأول من المعلومات الأمنية، تمتعت إسرائيل بغطاء كامل، وقدرة فائقة على اختيار الأهداف بعناية ودقة متناهية. وفيما يتعلق بالشقّ الثاني من المعلومات الاستخبارية، عانت الدولة من فجوات كبيرة، أثرت سلباً على إدارة الجانب الأمني من الحرب.

الاستخبارات أدركت جيداً طبيعة الاستعدادات التي أبداها الحزب تأهباً للحرب، وطريقة الحرب التي أدارها، من خلال الخنادق، والأنفاق، ووحدات الصواريخ، والقذائف المختلفة، وهي الطرق ذاتها التي استخدمها خلال الحرب.

النقص الذي اعترى أداء الجيش خلال الحرب كان أمنياً استخبارياً بالدرجة الأولى، سواء من خلال طبيعة التقييم الحقيقي لقدرات الحزب، وفي بحث طبيعة الميدان العملياتي له، التي كان لها أن تخدم القوات المقاتلة فيما لو توفرت تلك المعلومات المطلوبة.

من الجدير بالذكر أن جمع تلك المعلومات الأمنية والاستخبارية يعدّ تحدياً صعباً وقاسياً أمام المنظومة الأمنية الإسرائيلية. هكذا كان وسيبقى إلى الأبد، والملاحظة هنا إن حزب الله بنى قواته وقدراته العسكرية في أجواء من السرية والتخفي؛ مما زاد من صعوبة جمع المعلومات الميدانية.

وفي إطار الحرب التي خاضها الجيش نجد أنه واجه مشاكل جمة في جمع المعلومات الأمنية، ومن أهمها:

1. جزء من المعلومات لم يجرِ عليه بعد جمعه، أبحاث ودراسات تحليلية.

2. جزء آخر من المعلومات لم يتمّ تحديثه وفق آخر التطورات، كأن نعثر مثلاً على خرائط جغرافية بحوزة الاستخبارات عمرها الزمني أربع سنوات قبل اندلاع الحرب!.

3. جزء ثالث لم يَجد طريقه للوصول للوحدات المقاتلة.

4. جزء رابع وصل لبعض القوات في جبهة القتال، لكن القوات لم تعرف المقصود من تلك المعلومات.

5. الجزء الأخير لم يَصل القوات في الميدان؛ بذريعة الحفاظ على مصدرها الأمني.

هكذا انكشف خلال مجريات الحرب حجم الثغرات الأمنية والتنظيمية في جهاز الاستخبارات؛ مما أسفر في النهاية عن غياب حقيقي لكيفية توظيف المعلومات التي حصلت عليها مصادرنا الأمنية.

وفي صلة مباشرة بالأمر، لاحظت اللجنة وجود ظاهرة مقلقة في أوساط الجيش، لوحظت في السابق أيضاً، وتتلخص في "سيطرة" التفكير الأمني الاستخباري على التفكير التنفيذي العملياتي. هذا الأمر وجد ترجمته عملياً من خلال عدد من المظاهر نوردها فيما يلي:

1. حادثة الاختطاف الأخيرة، عبر اعتماد قادة الكتيبة والوحدة الميدانية على إنذار أمني محدد حول نوايا حزب الله لاختطاف جنود.

2. مجريات الحرب نفسها، حين تعرضت البارجة الحربية للإصابة المباشرة.

3. ما حصل فيما يتعلق بالمدى الذي وصلت إليه القذائف الصاروخية التي أطلقها الحزب، كما سيتمّ التفصيل لاحقاً.

الإنذار الأمني جزء أساسي مهم من التفكير الأمني الإسرائيلي، لكن حجم الاستعداد والتأهب العملياتي الميداني يبقى سيد الموقف، وتصبح الاستخبارات جزءاً من أدواته العملية. ومع بداية الحرب الأخيرة، ارتفعت مستويات استعدادات الجيش السوري لأقصى ذروته في جبهة هضبة الجولان، بصورة لم يسبق لها مثيل.

الجيش بدوره لم يقم بما يتوجب عليه، كما هو متوقع، في مثل هذه الحالة الخطيرة، لا سيّما من خلال إصدار التعليمات لقواته المنتشرة على طول الجولان، في ضوء الاعتبارات الأمنية، بالدرجة الأولى، التي تقول إن الجيش السوري ليس بصدد مهاجمة إسرائيل.

هذا الوضع كان خطيراً جداً، ذلك أن أي خطأ في التقديرات الاستخبارية كان سيعني الكثير الكثير للدولة عموماً، لذلك لم يكن مبرراً عدم القيام بأي خطوات ميدانية لمحاولة التخفيف من حدة هذا التهديد.

أعضاء اللجنة نظروا بخطورة بالغة من وضع كهذا، وحسب توصيات رئيسها، عضو الكنيست تساحي هنغبي، توجه مساعد رئيس اللجنة الخاصة بالتأهب الأمني، عضو الكنيست يوفال شتاينتس، لإدارة الجيش وضباطه الكبار، بطلب عاجل بنشر قواتهم في جبهة الجولان.

وفي موازاة حجم الاستعداد والتأهب العالي جداً للجيش السوري، واصل الجيش الإسرائيلي "تكاسله" في نشر قواته على جبهة الجولان، واكتفى بنشر عدد من وحداته القتالية في الجنوب اللبناني؛ الأمر الذي كان من شأنه إلقاء مزيد من "التدهور" على وضع إسرائيل الكارثي في تلك المرحلة.

ومع ذلك، فإن افتقاد الجيش لمعلومات أمنية كافية عن قدرات حزب الله، لم يكن ليبرر عدم القيام بأي عملية برية ضده، لا سيّما وأن الجيش في حينه، ومن خلال الأعداد والوسائل الأكثر نخبوية وجدوى، كان بإمكانه تقطيع أوصال القذائف الصاروخية. وبالتالي الوصول إلى مرحلة -كان احتمال نجاحها كبيراً جداً- كفيلة بتحطيم قوة الحزب. وبات من الواضح أخيراً أن هذه الثغرات الأمنية هي التي تسببت بالضرر الأكثر فداحة لإسرائيل.

أخيراً، فإن هذا جوهر **التفكير العسكري - العملياتي التقليدي**، وهناك الكثير من الأمثلة والنماذج العديدة، التي تدلل على هذا التفكير في جميع حروب إسرائيل الماضية.

سنأتي بمثال صارخ على تفوق التفكير الاستخباري الأمني على التفكير العملياتي الميداني؛ فبعد أشهر على انتهاء حرب لبنان الثانية، قدم ضابط كبير في سلاح الاستخبارات من صفوف الاحتياط، محاضرة في عدد من الموضوعات الأمنية، وقد تولى منصباً رفيعاً في جهاز الاستخبارات العسكرية "أمان" حتى عشية الحرب. ومن بين ما تطرق إليه في محاضرته ارتفاع حجم المعرفة من قبل جنودنا بطبيعة العدو، وما يتعلق به من قدرات عسكرية وتسليح لوجستي، وفي هذا المجال بالذات قال: "إننا في الجيش ملزمون بالمعرفة أكثر، وفهم طبيعة العدو، بدلاً من الانتظار ليوم انطلاق الحرب، وإذا أدركنا أننا لم نصل بعد لمستوى المعرفة الكامل، فلا حاجة إذن للفعل الميداني".

هذه العبارة تتعلق بالذات بمعرفة قدرات حزب الله العسكرية في الجنوب اللبناني، التي انطلقت منها القذائف الصاروخية تجاه الأراضي الإسرائيلية.

ولذلك، لم تكن لدى أجهزة الاستخبارات العسكرية التابعة للجيش، المعرفة اللازمة بحجم القدرات العسكرية، البرية بصورة خاصة، التابعة للحزب، وبالتالي لم تكن لدى الجيش تلك الاستعدادات الكافية للتعاطي مع هذه المشكلة. وفي ساعة اندلاع الحرب، انطلقت القذائف الصاروخية "الكاتيوشا"، التي شكلت صلب التهديد الحقيقي باتجاه إسرائيل، مما يعني ضرورة العمل ضدها. ومع تقدم أيام الحرب، واتساع رقعتها أكثر فأكثر، وبعد أن تبدى بصورة واضحة أنه لا يوجد هناك رد جوي على هذه القذائف الصاروخية، كان لا بد من بحث جدي عن سبيل آخر، أياً كان، لوقفها. في ظلّ هذا الوضع، لم يُمَكِّن غياب الصورة الاستخبارية الكاملة من العمل الميداني ضدها، وبالتالي لم يتبقَّ أمام الضابط في الميدان سوى اتخاذ القرار المسؤول بالتخطيط لعمليته العسكرية، والذهاب باتجاه تنفيذها، بغرض استكمال مهامه المنوطة به، وتحقيق أهدافه.

لم يكن لينفع إطلاقاً أن تنطلق العملية العسكرية والمعارك البرية، في ظلّ غياب الحجم المعرفي الكافي من المعلومات الاستخبارية الخاصة بالعدو؛ مما يجعل من تفسير الإخفاقات التي حدثت، أمنياً وعسكرياً، على أنه فشل قيادي خطير في جميع الأحوال.

ومن الممكن أنه في ضوء عدم الإلمام الكافي بالظروف الطبيعية المحيطة بساحة المعركة، وعن طريقة التوجه للعملية العسكرية المطلوبة، اكتفى ذلك الضابط بالحديث عن العملية العسكرية التي بادر الجيش للقيام بها، مما يثبت من جديد سيطرة "التفكير الاستخباري".

القيام بعملية "تشريح" لصورة الوضع الاستخباري الماثلة أمام صناع القرار عشية الحرب، تشير إلى أنها كانت صورة لا بأس بها؛ فالاستخبارات العسكرية قدمت عرضاً متوقعاً لطبيعة القدرة القتالية لحزب الله، وحجم السلاح الذي بحوزته ونوعه، وطريقة العمل المفترضة، والمنطق القتالي الذي ينتهجه في عملياته العسكرية. أما بالنسبة لجزء من معارك الحزب، خاصة في المستويات الأكثر ثقلاً وعبئاً، عبر لجوئه للقذائف الصاروخية المتوسطة والبعيدة المدى، والقيادات العسكرية المتواجدة في الضاحية الجنوبية، فقد كان الوضع آنذاك مقبولاً وجيداً.

125

النقص الاستخباري الذي وقع في حينه تعلق ببعض المعارك التكتيكية للحزب، وحجم تهديد القذائف الصاروخية القصيرة المدى. وفي ظلّ هذا الوضع القائم، فإن الظرف يسمح حالياً بإحداث تغيير استراتيجي للمسّ بصورة واضحة وقاسية بقدرات الحزب. ومن المحتمل أنه في ظلّ وضع معاكس، تبدو فيه المعرفة أكثر، والإحاطة أشمل بإمكانيات الحزب، من الممكن الامتناع عن القيام بعملية عسكرية، لكن المعطيات الميدانية التي سبقت اندلاع الحرب كانت تعني أن الامتناع عن العملية أقرب ما يكون للخيال الساذج.

من الجدير الوصول لخلاصة في هذا السياق تقضي القول بأن الفجوات الأمنية سادت بصورة تكتيكية قبيل اندلاع الحرب، ولذا كان هناك توقع بإمكانية أن يتغلب الجيش على هذه الإشكاليات خلال الحرب، بالنظر فيما يتعلق بكل سلاح من أسلحة الجيش الميدانية.

توصيات اللجنة: زيادة الاستعدادات الميدانية الخاصة بالجيش، لا سيّما جهاز الإنذار الخاص به، مغبة سقوط صواريخ وقذائف، وكان على القوات القتالية في ساحة الميدان وباقي الأجهزة التنسيقية الأخذ بعين الاعتبار حجم التهديدات المفترضة. وهذه الإنذارات تحتم أن يكون الجيش وقواته الميدانية في حالة جهوزية دائمة، وعلى مدار الساعة، وتجعله في حالة معرفة تفصيلية بحجم انتشار قوات العدو وطبيعتها وجغرافيتها. وهنا بالإمكان تقديم فرضيات عملياتية خطيرة لها علاقة بقدرات العدو، تُمَكِّن الجيش من إلقاء نظرة استخبارية وافية عن حجمها وطبيعتها، وبالتالي يتمثل الإنجاز، الأكثر إلحاحاً، في الوصول لوضع لا يجعلنا نصاب بالمفاجأة القاتلة، فضلاً عن قدرة العدو على إخضاعنا!

اللجنة ترى أهمية عليا وفائقة لأن تعمم هذه التوصية على جميع مستويات الجيش، بدءاً بالهيئة العامة للأركان وصولاً للوحدات الميدانية في ساحات القتال.

ونوصي، بأن يتمّ الوصول لمرحلة توازن جديد ودقيق بين مختلف الأجهزة الأمنية، والدوائر الاستخبارية، لما لذلك من آثار إيجابية على سير المعركة القادمة من جهة، ومن جهة أخرى التعرف على قدرات العدو، وبحث طبيعة الساحة الميدانية، وإعداد قائمة بالأهداف المرشحة لأي حرب مستقبلية، بالتنسيق الكامل لجميع المخططات العملياتية.

ويجب العمل على تقوية جهاز الاستخبارات العسكرية التقليدية، بغرض العثور

على أهداف له، من خلال الحفاظ على مجال التقديرات والإنذارات في آن واحد[43]. وهنا تبرز ضرورة القيام بالمهام الأمنية والاستخبارية كجمع المعلومات، والبحث الأمني؛ لإعداد قائمة بالأهداف الحيوية عبر تفعيل الأدوات الهجومية.

ويجب على أجهزة الأمن تفحص ومعالجة الأخطاء الاستخبارية، التي كشف النقاب عنها خلال الحرب الأخيرة. ومحاولة الوصول لحلول المشكلات الأمنية، ذات الآثار السلبية على الأداء العملياتي. وبالتالي، الوصول لمستوى مقبول من التنسيق بين المستوى الأمني ونظيره الميداني العملياتي، سواء كان ذلك في الوضع الطبيعي أم في حالات الطوارئ.

بمعنى أكثر وضوحاً، يجب العمل على "ترجمة" عملية للمعلومات الأمنية لإجراءات ميدانية عسكرية، طبعاً لا بد أن يسبقها تعزيز مسألة التدريبات على هذا السلوك[44].

وهنا بالإمكان الوصول لتنظيم معين لكيفية نقل المعلومات الاستخبارية لساحة القتال الميداني، لـ"تحسين" حالة ميدان المعركة، وجمع المعلومات القتالية، وإحضار تلك المعطيات لطاولة المؤسسة الاستخبارية. وهنا بالذات، يتحتم على جهاز الاستخبارات العسكرية "أمان"، معاودة إعداد وحداته الأمنية ووسائله المعلوماتية، وإبداء أكبر قدر ممكن من الاستعداد الميداني للمعركة القادمة؛ من خلال بناء القوة الأمنية كالتدريبات، والتأهيل، وغيرها، أو النظرة لتفعيل تلك القوة، كالاستعداد لحالات الطوارئ، ووضع حدود دنيا لجمع المعلومات، وتفعيل باقي الوحدات التي بقيت مجمدة إلى حين.

وبالنظر لصورة الوضع الأمني المتعلق أساساً بجمع المعلومات، يجب توضيح طبيعة الاستعدادات التي تجري على ساحة المعركة، وكيفية تأثيرها على اتخاذ القرارات الخاصة بهذه العملية العسكرية أو تلك، من قِبَل المستويين العسكري والسياسي على حدٍّ سواء.

---

[43] من الجدير بالذكر ضرورة تقليص مساحة الانشغال كثيراً بدراسة العدو ووضع فرضياته، وبدلاً من ذلك الانشغال أكثر فأكثر في الواقع المادي الميداني لهذا العدو.

[44] هنا، وبالضرورة أكثر من أي وقت مضى، ينبغي دراسة فحص فعالية وقدرات سلاح استخبارات المعركة.

في النهاية، نرى ضرورة إقامة جهاز رقابي خارجي ممأسس، تكون من مهامه الأولى والرئيسية تحديد الأولويات في مجال جمع المعلومات، وإجراء الأبحاث الأمنية، في ضوء الاحتياجات الوطنية الماثلة اليوم.

التهديد الاستخباري من قبل حزب الله:

قبل اندلاع الحرب الأخيرة تمتع حزب الله، بصورة لا تقبل الشك، بقدرات أمنية ومعلومات استخبارية، وإمكانيات عملياتية، فاقت الكثير من نظيراتها لدى الجيش الإسرائيلي، كما أقام جهازاً استخبارياً مستقلاً، واستعان بجهاز أمني خارجي، فضمّ بين محتوياته:

1. جهاز استخباري يقوم أساساً على وسائل التنصت والتجسس.
2. جهاز استخباري ذو طبيعة قتالية ميدانية، على مدار اليوم والليلة.
3. قام بتفعيل القوى البشرية الأمنية العاملة في المجال الاستخباري "اليومنت".
4. قام بجمع المعلومات المنشورة في وسائل الإعلام بشكل علني وفحصها.

هذه الوسائل الأمنية والأدوات الاستخبارية استطاع الحزب من خلالها كشف العديد من القدرات القتالية لقواتنا خلال مجريات الحرب الأخيرة. وبالتالي نجح في التشويش على فعاليتها الميدانية، وصولاً لقدرة فائقة لإغلاق دوائر النار التي شغلها الجيش الإسرائيلي.

وهنا يمكن الإشارة إلى نجاح الحزب في توجيه ضربات موجعة، عبر قذائفه الصاروخية تجاه إسرائيل. ولذا، يمكن الافتراض أنه استخدم ما لديه من معلومات استخبارية جمة وحساسة في آن واحد، لا سيّما تلك التي نشرت بصورة ساذجة في وسائل الإعلام الإسرائيلية، أو عبر شبكة الإنترنت.

كما نلاحظ استفادة الحزب من جمعه للمعلومات الأمنية عبر نجاحه الباهر في تتبع "التسريبات" الواردة من مختلف القنوات والأبواب، التي يكون قد أدلى بها بعض المسؤولين الإسرائيليين البارزين لبعض وسائل الإعلام.

وبالرغم من التعليمات التي أصدرها رئيس هيئة الأركان العامة، منذ الأول من آب / أغسطس 2007، والتي تحظر إدخال أجهزة الاتصال الجوالة للأراضي اللبنانية، حيث

تُرَابِطْ بعض قوات الجيش، فإن بعض الوحدات القتالية لا تبالي بهذه التعليمات، وتستخدم هذه الأجهزة حتى كتابة هذه السطور. وكما أنه بالنظر للمعلومات الصوتية التي يتمّ تداولها ونقلها عبر التنصت العادي لأجهزة العدو الأمنية، هناك خطورة قائمة وكبيرة، من المحادثات الجوالة على قواتنا هناك.

إن التأثيرات الكارثية للتهديد الاستخباري القادم من حزب الله، تبدت بالصورة الأكثر وضوحاً في "تخبط" العمليات الميدانية التي نفذها الجيش؛ مما يحتم بضرورة إعادة تقييم صورة الوضع الأمني في هيئة الأركان العامة.

كما أدى عدم قيام الجهات المسؤولة في قيادة الجيش والاستخبارات بإيصال المعلومات الأمنية للدوائر المختصة قبل إعلانها للصحفيين، لكشف "رخيص" لهذه المعلومات أمام العدو دون بذل أي جهد.

إضافة لذلك، كشف النقاب عن فجوات كبيرة في الإعداد والتنسيق بين القوات الميدانية والدوائر الأمنية من حيث الردّ على التهديد الاستخباري الذي يهدد قواتنا، وحلّ هذه المسألة يعدّ نقطة العلاج الأولى التي يجب اتباعها لمحاولة الوصول لإصلاح العطب القائم.

وزيادة على ما أوصى به رئيس هيئة الأركان، وطالب به، أواخر سنة 2005، فلم يقم الجيش بما فيه الكفاية من حيث الاستعداد للحرب، كما أنه لم يستطع حتى اللحظة معالجة بعض النقاط الإشكالية التي كشفت خلال الحرب الأخيرة.

توصيات اللجنة: نوصي بضرورة أن يتمّ تضمين صورة التهديد الأمني والاستخباري ضمن الاستعدادات التي تجريها الجهات المسؤولة في الجيش. ويجب أن يتمّ العمل على تحويل هذا التقييم الأمني لأداء عملياتي عسكري، في الظروف الطبيعية وحالات الطوارئ. ونوصي بإلزامية أن يكون الموضوع الأمني ضمن القواعد الأساسية للجهود الميدانية، التي يبذلها الجيش في الظروف العادية، وفي بناء القوة العسكرية والتأهيل الميداني.

كما يجب إجراء التنسيق الكامل بين مختلف الأجهزة والدوائر؛ لمواجهة التهديدات الأمنية، عبر التدريبات الاستخبارية، وتطوير القوة القتالية بما يتطلبه ذلك من زيادات.

وبالنظر لنجاح حزب الله في كشف المعلومات الأمنية عبر شبكة الإنترنت، نوصي بالقيام بحملات تثقيف وتوعية دائمة في أوساط جنود الجيش والأوساط الأمنية الأخرى، وتكثيف حملات الحماية في هذا المجال[45].

كما يجب فرض حظر كامل ومطلق على استخدام الهواتف الجوالة خلال تنفيذ العمليات العسكرية، وهذا واجب ملقى على عاتق قيادة الجيش يتمثل بسحب الهواتف الجوالة من الجند خلال تنفيذهم للمهام العسكرية، وإعادتها لهم فور انتهاء عملياتهم.

---

[45] للتوسع في هذا الموضوع المتخصص، وما يتعلق بأمور الرقابة، يمكن الرجوع إلى تقرير لجنة الخارجية والأمن الخاص بشؤون الإعلام خلال الحرب.

سلاح الجو

سلاح الجو كان الجهاز الأكثر عملياتية وتنفيذاً خلال مجريات حرب لبنان الثانية، وجاء تفعيله ليعطي تعبيراً عن مدى التصميم الذي أبداه قادته لتوسيع أهدافه. علماً بأن الساحة الجغرافية لتنفيذ عمليات سلاح الجو ضيقة نسبياً، إلا أن عملياته جاءت مكثفة في هذه الساحة.

وبعكس الحروب السابقة، لم يُستدعَ سلاح الجو لتنفيذ مهام عسكرية بالصورة التقليدية، بل مُنِحَ ثقة عليا أمام من سواه من الأسلحة، في ضوء أنه المكلف بحماية "سماء الدولة"[46]، والقيام بمهام المساعدة الميدانية للقوات البرية وسلاح المشاة.

ومع ذلك، جرت على سلاح الجو تغييرات جوهرية وكبيرة بما يتعلق ببنيته التنظيمية، وحجم عملياته العسكرية؛ بحيث أن عدد مرات التحليق الجوي له، بمختلف طائراته، الحربية والهليوكبتر، خلال أيام حرب لبنان الثانية كانت أكثر من حرب يوم الغفران في تشرين الأول/ أكتوبر 1973. كما قام سلاح الجو خلال الحرب الأخيرة بتدمير آلاف الأهداف، عبر المسّ بصورة مباشرة بالبنية التحتية من وسائل المواصلات، والجسور، والطرق، والإصابة الرمزية بمحطات الوقود، ومرافق الاتصالات، والمؤسسات الاقتصادية. كما قام بإغلاق الأجواء اللبنانية؛ عبر حظر حركة الطيران في المطارات اللبنانية؛ مما عنى أنه أبقى الملايين محصورين في الأراضي اللبنانية.

وفي استهداف سلاح الجو للأهداف العسكرية للحزب، وضع عدداً من الأهداف المرشحة لطيرانه:

1. ضرب منصات الصواريخ، مختلفة الأبعاد والمدى.
2. استهداف البنى العسكرية المختلفة للحزب في أنحاء مختلفة من الجنوب اللبناني.
3. ضرب المباني والمستودعات المدنية، والأنفاق والمخابئ.

ودأب سلاحا البحرية والبر، على تركيز أهدافهما الميدانية الحربية على النحو التالي:

1. إخلاء الجرحى.
2. جمع المعلومات الاستخبارية.

─────────────

[46] سلاح الجو طور عدداً من الأسلحة والأجهزة التقنية بهدف صدّ عدد من الصواريخ التي استهدفت العمق الإسرائيلي.

3. عزل منطقة الجنوب اللبناني.
4. فصل لبنان عن سورية.

وفيما يتعلق بالقذائف الصاروخية متوسطة المدى، حقق الطيران إصابة حقيقية ومؤلمة لنسبة كبيرة من منصات إطلاقها، في ضوء أن الحرب لم تشهد إطلاق قذائف من هذا الطراز.

بجانب ذلك، شهدت الحرب إطلاق ما يقارب 100 قذيفة صاروخية من طراز "فجر"، ومن أنواع أخرى، و250 قذيفة صاروخية من طراز 122 ملم، ذات أبعاد طويلة، تصل في متوسطها إلى 40 كم. ومع نهاية الحرب بلغ متوسط إطلاق القذائف بصورة يومية 2–10 قذائف، في حالات متعددة ومختلفة، لكنها كانت في معظمها ذات مدى متوسط.

ومع اندلاع المعركة، أبيدت عشرات المنصات لإطلاق القذائف الصاروخية متوسطة المدى، خاصة في ضوء استخدام سلاح الجو لتقنية عسكرية خاصة؛ حيث أقيم جهاز جديد من مهامه العثور على منصات إضافية لإنتاج هذه الصواريخ، والقضاء عليها. بصورة أو بأخرى، استخدمت هذه التقنية لإبادة المنصات بمختلف أشكالها وأنواعها، وتقريباً لم تتبق منصة إطلاق قذائف متوسطة المدى تمّ استخدامها، إلا أبيدت خلال الحرب.

بالنسبة للقذائف الصاروخية قصيرة المدى، فإنه عقب العملية العسكرية الكبرى لسلاح الجو، أصيبت معظم المنصات الصاروخية، وقام الطيران بمهام أخرى كتشويش آليات إطلاق القذائف الصاروخية، عبر تنمية دعمه اللوجستي، مما أسفر عن تأثير جوهري على كيفية وحجم إطلاق "الكاتيوشا".

في النهاية، أبدى الطيران قدرة كبيرة على خوض حرب ضارية، والمسّ بالمنصات الصاروخية، متوسطة وطويلة المدى، وبدا واضحاً أنه لم يؤثر على القذائف قصيرة المدى.

والطيارون، تلقوا تدريبات عالية وتمرينات مكثفة، لتنفيذ عدد من المهام، مثل:

1. تقديم النجدة للقوات البرية على الأرض تحت إطلاق كثيف من النيران.
2. إخلاء الجرحى والمصابين من ساحة المعركة.
3. توفير التموين اللازم، وإرشاد المقاتلين في الميدان على الأهداف المرشحة بساحة العدو.

سلاح الجو، من خلال قواعده العسكرية المنتشرة في المنطقة الشمالية، أبدى استعداداً كبيراً، فاق التوقعات لمواجهة هذه التحديات، بالقياس لمن سواه من الأسلحة الأخرى، خاصة المشاة.

وأثبت الطيران نجاحاً منقطع النظير بالنظر لمستوى تجهيز الطائرات والمعدات القتالية التابعة له، خاصة السيطرة على أراضي العدو بالصورة المكثفة. لا سيّما في ظلّ انتشار الخلايا المسلحة المزودة بصواريخ متطورة، ومنها صواريخ الكتف [47]. عدد المعدات العسكرية وعدد المقاتلين الذين أصيبوا من سلاح الجو كان صغيراً نسبياً، رغم إصابة أربع طائرات، اثنتان منها أصيبتا بسبب تصادم بين طائرتين.

---

[47] يجب التنويه إلى أن منطقة الجنوب اللبناني لم تشهد عملاً مكثفاً لقذائف أرض-جو، من أنواع مختلفة، كما هو الحال في سورية.

القوات الخاصة

خلال حروب إسرائيل الماضية لم يتمّ تشغيل مكثف للقوات الخاصة، خاصة على صعيد تنسيق عملياتها مع القوات النظامية، وبتخطيط مسبق، علماً بأن جوهر المهام العملياتية لهذه القوات يكمن في عمليات موضعية محددة.

وفي السنوات الأخيرة وصل الجيش إلى قناعة أكيدة مفادها أنه لا بدّ من استغلال القوات الخاصة خلال خوضه لحروبه القادمة، وبقوة كبيرة. وذلك في أعقاب استخدام الولايات المتحدة لهذه القوات، خاصة خلال حروبها في أفغانستان سنة 2001، والعراق سنة 2003. وخلال السنوات الأخيرة، اقتنعت أوساط قيادية عسكرية بأهمية وفعالية هذه القوات من خلال المواجهة المحدودة، التي خاضها الجيش أمام الفلسطينيين في الضفة الغربية وقطاع غزة، بعد أن قامت بسلسلة تدريبات عالية ومكثفة.

وفي حرب لبنان الثانية استخدمت القوات الخاصة بصورة كبيرة؛ بغرض إسناد القوات النظامية، سواء في ظل خوضها لحرب ضارية كبيرة، أو مواجهة "متماثلة".

توصيات اللجنة: خصوم إسرائيل، دولاً ومنظمات على حد سواء، يعملون في معظمهم عبر تركيز قواتهم، من خلال قيامهم بصورة أساسية على مجموعات عسكرية مقلصة، بجانب مهام قيادية شخصية مقربة لقيادة التنظيم، أو جزء منها، ويقومون بتنفيذ مهامهم بصورة عادية أو طارئة.

كما أن هؤلاء الخصوم، لا سيّما المنظمات المسلحة، يعملون في غياب مقار سياسية، يخشون عليها، أو على الأقل يعملون على إخفاء مواقعهم العسكرية وسط أماكن مدنية. وبالتالي فإن الجيش الإسرائيلي وقوات الأمن مطالبين بملاءمة قواتهما مع هذا الوضع، وفق الصيغ المختلفة.

بجانب ذلك، يجب التوضيح، أن تفعيل القوات الخاصة لا يحدث تغييراً في طبيعة التفكير الاستراتيجي للجيش، فنظرية "القتال المنتشر"، التي تنتهجها الأطراف المعادية لإسرائيل، عبر قوات صغيرة متناثرة، لا تكفي وحدها لأن تقف ضد أعدائنا، خاصة في ضوء تجربة حزب الله، التي تبدو أسهل وأقل خطورة من جيوش نظامية.

إن المهام العسكرية التي تقوم بها القوات الخاصة، من شأنها التسهيل على القوات النظامية، خاصة عند القيام بعمليات برية ميدانية؛ مما سيؤثر بدوره على مختلف أساليب الحرب القتالية. وإن حرب لبنان، التي شهدت تنفيذ العديد من الاجتياحات العادية، الصغيرة والقصيرة، أثبتت بما لا يدع مجالاً للشك أنه لا يمكن إجبار العدو على التسليم بمرحلة الحسم النهائي.

البناء والتنظيم

الجيش الإسرائيلي منذ تأسيسه حقق نجاحات بنيوية، تبدو معروفة في عدد من الجيوش الحديثة على مستوى العالم، وتسبب بحدوثها عدد من المصادر، منها:

1. الخلفية التاريخية للجيش الآتية من عصابات ومنظمات سبقت قيامه.
2. تأثير الجيش البريطاني.
3. النقص الحاصل في الوسائل والقوى البشرية، المحتاجة إلى تدريبات كافية.
4. الظروف الميدانية التي أقيم في ظلها الجيش بصورة رسمية، سواء من خلال معطيات الحرب، أم الظروف الجيو-استراتيجية التي وجدت إسرائيل نفسها فيها؛ ومن أهمها:
   أ. كونها في منطقة ذات مساحة جغرافية صغيرة.
   ب. افتقارها للعمق الاستراتيجي.
   ج. وجود أغلبيتها السكانية في ضائقة أمنية بصورة دائمة.
   د. تمركز أعداء إسرائيل في جبهات محيطة بالدولة.
   ه. استمرار آفاق الحروب، التي كانت وما زالت تحيط بإسرائيل منذ نشأتها.

الميزة البنيوية الأساسية التي تميز بها الجيش الإسرائيلي، تمثلت بالقيم الأخلاقية التي عاش عليها، والتي تنامت أكثر فأكثر خلال سنوات الخمسينيات للقرن العشرين، فبقي محتفظاً بها مع مرور السنين، بحيث استطاع التكيف مع التهديدات العسكرية الماثلة أمام إسرائيل، من خلال انتصاراته الحربية التي حققها خلال تلك الحروب.

خلال السنوات الأخيرة، خاصة خلال بدء العقد الأخير، حدث في الجيش عدد من التغييرات المهمة والأساسية، شملت تغييرات بنيوية وتنظيمية، يعدّ جزءاً منها ذا جدوى كبيرة. وجاءت هذه التغييرات في ضوء الواقع الجيو-سياسي الذي يحيط بإسرائيل، ووفقاً لما رآه قادة الجيش وكبار ضباطه، إضافة للمؤسسات المدنية التي تشرف على بعض أعمال الجيش وفعالياته العسكرية. وجزء آخر من هذه التغييرات أتت بناء على مواقف قادة الجيش، المطالبين بتحسين ظروفه، والخروج بجدوى عسكرية من وسائله المستخدمة. بالإضافة إلى وجود المتغير الخاص بالموازنات المالية، التي جرت عليها تغييرات كبيرة وجوهرية بين الحين والآخر.

وفيما يلي سنناقش عدداً من هذه التغييرات المركزية الأساسية، التي حلت بالجيش خلال السنوات الأخيرة، وأثّرت بصورة واضحة على أدائه خلال حرب لبنان الثانية:

1. إقامة وحدة العمليات وإلغاء وحدة الأركان: منذ إقامة الجيش وقف نائب رئيس الأركان على رأس وحدة هيئة الأركان، وبالتالي تقلد أعلى الوظائف والمواقع القيادية في الجيش، في مستوياتها العليا. فنائب رئيس الأركان تولى مهمة تفعيل قوة الجيش وبنيتها العسكرية، مما منحه قدرة على إلقاء الضوء على جميع عملياته العسكرية، وفي كل تفاصيلها، وبالتالي غدت له السيطرة الكاملة على جميع وحداته، العادية والخاصة، وأصبحت ضمن صلاحياته ومسؤولياته.

على كل الأحوال، غدا نائب رئيس الأركان هو القائم بأعمال القائد الفعلي للجيش (رئيس هيئة الأركان) وتحت رعايته عمل قائداً لوحدة العمليات، أو من ينوب عنه، برتبة ميجر جنرال، أو جنرال، وبالتالي منح الثقة الكاملة للقيام بمسؤولياته وصلاحياته المنوطة به.

ومع إلغاء وحدة الأركان، أصبح المسؤول الأول عن بناء القوة العسكرية، ومن ثم نقلت المهمة لوحدة العمليات في الجيش، إضافة لوحدات أخرى.

عملية من هذا النوع أدت لنتيجتين مهمتين:
أ. إيجاد فاصل بين بناء القوة العسكرية، وطريقة استخدامها ميدانياً.
ب. إبعاد مهمة تفعيل هذه القوة من طرف رئيس هيئة الأركان.

وبالتالي، أسفر ذلك عن المسّ بصورة سلبية بإعداد الجيش للحرب، وطريقة إدارته لها.

توصية اللجنة: نوصي بإعادة الوضع لما كان عليه سابقاً، من حيث منح هيئة الأركان الصلاحيات ذاتها التي تقوم بها، على صعيد بناء القوة العسكرية وتفعيلها في آن واحد.

2. سلاح المشاة وهيئة الأركان: مع إقامة الجيش، عدّت الهيئة العامة للأركان القيادة الفعلية له، وقادته في جميع حروبه التي خاضها، على جميع الجبهات العسكرية، وفي تفاصيل المعارك الميدانية. وجاءت هذه المكانة الرفيعة لها، انطلاقاً من الواقع الجيو-

استراتيجي الذي تحياه إسرائيل، وأهمية سلاح المشاة والمعارك البرية على قيامها، ودورها في المحافظة على موقعها المركزي في المنطقة. والمسؤوليات الواسعة لها يوماً بعد يوم منحتها قدرة على إدارة معارك الجيش، في جميع جبهاته الحربية. علماً بأن سلاحي الجو والبحرية، تناط بهما مهام مساعدة الهيئة العامة للأركان، ويمتلكان موقعاً متقدماً بجانب سلاح المشاة.

أما باقي الأسلحة العسكرية والأذرع الأمنية مثل الاستخبارات، والدعم اللوجستي، والتنصت الأمني، وغيرها، تقوم بتقديم المساعدة للهيئة. إلا أن ذراع الاستخبارات منح موقعاً أكثر بروزاً في الجيش الإسرائيلي عما سواه في الجيوش الأخرى، لا سيّما في ضوء خطورة التهديدات التي تحيط بإسرائيل، وحساسية موقعها الجيو-استراتيجي.

ومنذ بداية سنوات الثمانينيات خلال القرن الماضي، حصلت عمليات جوهرية ومحاولات عديدة لإحداث تغيير ما في سلاح المشاة، سواء في القيادة أم التنظيم. وفي البداية أقيمت قيادة وحدات المعركة، ولاحقاً أقيمت قيادة ذراع المشاة.

حرب لبنان الثانية جاءت في ذروة تطوير سلاح المشاة لقواته وبنائه العسكري، عبر منحه المزيد من الصلاحيات، التي وصلته من مصادر مختلفة، ومن بين التغييرات التي وقعت:

أ. منح سلاح المشاة تعيينات قيادية لاثنين برتبة جنرال، من بين عشرة جنرالات.

ب. نقل المزيد من وحدات الدعم اللوجستي والتقنيات التكنولوجية لسلاح المشاة.

وبالتالي جاءت الحاجة ماسة لأن تكون هيئة الأركان قادمة من سلاح المشاة، بحيث تلعب في نهاية الأمر الدور التنسيقي الكامل بين الأسلحة الثلاث: البر، والبحر، والجو، وتتمتع كل منها بقوة متناهية في مجالها. إن التأثيرات المباشرة لهذه الخطوة، ستكون بالتأكيد (إن تمت) لتحسين ظروف عمل سلاح المشاة، وبشكل يؤثّر إيجابياً على سلاحي البحرية والجو؛ غير أنه لم يعد خفياً أنه خلال حرب لبنان الثانية، كان لعدم الوضوح وغياب التعليمات الجلية أثر سلبي كبير على أداء الجيش، خاصة في ضوء العلاقات التي لم تكن على ما يرام بين هيئة أركان الجيش وبين القوات المقاتلة في ميدان المعركة.

وبالإضافة لتقوية سلاح المشاة، تقرر خلال الحرب الأخيرة تعيين قائد المنطقة الشمالية "قائداً لجبهة القتال" في المنطقة التي وصلت نهر الليطاني. وفي وضع مشابه، تولى سلاح الجو مسؤولية المنطقة التي تقع شمالي الليطاني، فيما كلف جهاز الاستخبارات العسكرية "أمان" بتنفيذ بعض المهام الإضافية.

وكما تمّ التوضيح سابقاً، فإن المنطقة التي تقع جنوب الليطاني، تمّ تقسيم المسؤوليات فيها بين قائد المنطقة الشمالية عبر "الخط الأصفر"، وبين باقي التعيينات التي حصلت في ساحة المعركة، مما أثّر بدوره إيجاباً على اتساع صلاحيات ومسؤوليات قادة القوات والألوية داخل كل جبهة من جبهات قتالهم.

وقد كشفت مجريات الحرب النقاب عن أن توزيع المسؤوليات والمهام بين قادة الألوية والوحدات المقاتلة، أدى لـ"إهدار" و"تفكيك" في مراحل الحرب[48]، لعدة جهات ومصادر كثيرة.

وخلال ذلك، عثر في يوميات الحرب عن أشياء ما "وقعت بين الكراسي" ولم تحظ بالتنسيق والملاءمة المطلوبة بين الجهات المختلفة، كالمساعدات الجوية المقدمة لجنود المشاة، وتعقب منصات إطلاق "الكاتيوشا" من جنوب الليطاني إلى شمال "الخط الأصفر"، وغيرها من الأمثلة.

ربما كان تعيين نائب رئيس الأركان كـ"ممثل لرئيس الأركان" في قيادة المنطقة الشمالية بجانب الجنرال، تعبيراً واضحاً أشد الوضوح للطريقة الخاطئة التي منحت فيها الصلاحيات في ساحة المعركة لقيادة هيئة الأركان.

رئيس الأركان شعر -في زمن الحرب- أن القتال في الجبهة لا يدار بالطريقة المناسبة؛ مما دفعه من خلال مسؤولياته لـ"تجميد" مهام قائد المنطقة الشمالية، في ظل كونه قائد جبهة المعركة، ويوحي بعدم رضا هيئة الأركان عن إدارة الحرب، لكنه بالطبع غير متورط في تفاصيل المعركة، انطلاقاً من كون موقعه ممثلاً بـ"قائد جبهة المعركة".

---

[48] طريقة إدارة الحرب التي حصلت، فرقت بين مراحل ومستويات ثلاثة وهي: جبهة الحرب، وجبهة المعركة، وجبهة العمليات.

توصيات اللجنة: ستبقى المعارك البرية تشكل العمود الفقري لحروب إسرائيل القادمة في المستقبل، كما حصل في العديد من الحالات على مختلف حدود الدولة.

سلاح الجو الذي بني خصيصاً لكي يكون ذراعاً استراتيجياً للجيش الإسرائيلي، وخلال السنوات الـ 25 الأخيرة، ورغم تنامي قدراته القتالية، ومستواها التفكيري الحربي، فإن الإمكانيات الجوية لم تنجح في استبداله بقوات المشاة والبر في تنفيذ مهام قتالية مثل احتلال مناطق والسيطرة على أراض، والوصول لمرحلة الحسم مع العدو على أرضه.

ولا نتوقع تغييرات مرتقبة في الواقع الجيو–استراتيجي، الذي تجد إسرائيل نفسها فيه حالياً، بل إن ما حصل رفع من شأن القتال البري وسلاح المشاة أكثر من الماضي [49].

وبالنسبة لهذا الواقع، من الضروري إعادة سلاح المشاة ليشكل عنصراً أساسياً من عناصر بناء القوة العسكرية، بجانب العناصر الأخرى: المدفعية، والاستخبارات الميدانية، وسلاح الهندسة، التي يجب أن تكون مترافقة مع حملات التأهيل، ومنح التدريبات اللازمة لمواءمة القوات في المجالات التكنولوجية، والدعم اللوجستي، تحت رعاية هيئة الأركان.

كما أن تفعيل القوة العسكرية في سلاح المشاة منوطة بالدرجة الأولى والمباشرة بهيئة الأركان العامة [50]، التي ستواصل الإمساك بمهام مزدوجة:

أ. المهمة القيادية العليا المتمثلة بكونها القيادة العليا للجيش.

ب. المدير المباشر للمعارك البرية.

وفي غياب معطيات غريبة، بدأت تتجسد قناعة، منذ عقود، داخل أوساط الجيش بأن تكون الشخصية القيادية له قادمة من سلاح البر، وصاحبة خبرة وتأهيل قتالي طويل.

---

[49] من البدائل التي حلت لهذا الواقع الاستراتيجي: توقيع اتفاقيات السلام، وقيام أحلاف إقليمية، ووجود تدخلات دولية.

[50] انطلاقاً من أن سلاح المشاة يقوم على مجالات معينة في بناء القوة العسكرية، وليس تفعيلها. ولذا يجب منع حدوث بلبلة من شأنها إرباك عملية بناء القوى العسكرية الخاصة بسلاح المشاة، مثلما حصل مع بداية إنشاء هذا السلاح.

إن تعيين رئيس هيئة الأركان من خارج سلاح البر، لا يناسب بالمطلق الواقع الجيو–استراتيجي لإسرائيل. وانطلاقاً من حقيقة أن هيئة الأركان العامة هي المسؤولة عن إدارة الحروب في كل الجبهات وعلى جميع الأصعدة، وفي ضوء أنها القيادة الفعلية العليا للجيش، فإننا نوصي بتغيير طبيعة مصطلح "قائد جبهة المعركة".

الهيئة العامة للأركان منوطة بتكليف مختلف الأذرع العسكرية العملياتية بتحقيق أهدافها، التي هي بالأساس أهداف الجيش، والتنسيق بينها لتنفيذ مختلف المهام العسكرية.

هذه الأذرع العسكرية مسؤولة عن تنفيذ المهام الموكلة إليها، كل قيادة في جبهتها القتالية، ومسؤولة حتى عن طبيعة سير القتال في باقي الجبهات، ورفع ذلك للهيئة العامة للأركان.

3. الدعم اللوجستي: بشكل عام، أسندت مهام الدعم اللوجستي لمجالات مختلفة متعددة، أهمها: تقوية الجيش، والتسليح، والعلاج الميداني، والذخيرة، وغيرها، وصولاً لمقاتلي الجيش في ميدان المعركة، وذلك انطلاقاً من قناعة مفادها أنه كلما زاد الدعم اللوجستي في تلك المجالات، كانت البنية العسكرية للجيش أقوى وأشد. وقناعة من هذا النوع تتطلب لتنفيذها إقامة جهاز متخصص في الدعم اللوجستي، معقد وواسع، وملازم لجميع الوحدات القتالية، إلى جانب جعله جزءاً من القيادات العسكرية وهيئة الأركان نظراً للأهمية التي يجب أن يحظى بها.

خلال حرب لبنان الثانية، لجأ الجيش لنظرية جديدة للمرة الأولى تمثلت بـ: الدعم اللوجستي المتوسع؛ بحيث لم يتمّ إلحاق وحدات دعم لوجستي بجميع الألوية والكتائب المقاتلة في ميدان المعركة، كل على حدة، بل جاء الاقتصار على إمداد تلك الوحدات والألوية بكل ما تحتاجه من دعم لوجستي –كما هو موضح سابقاً– بصورة مركزية عليا.

وكما بات معروفاً في أعقاب الحرب، اكتشفت مشاكل كبيرة وصعبة تتعلق بتوفير الدعم اللوجستي اللازم، رغم أن المعركة الحقيقية دارت فقط على بعد أمتار معدودة

من الحدود الإسرائيلية اللبنانية. وبالتالي فإن النظرية اللوجستية التي سادت خلال الحرب جعلت من الصعوبة بمكان على الوحدات القتالية تلقي الدعم الكافي واللازم لها في الموعد المحدد.

ومن الجدير بالذكر أن معظم وحدات المشاة وسلاح البر التي خاضت معاركها القاسية والضارية خارج قواعدها العسكرية، واصلت القتال بصورة مكثفة، ولم تعد لقواعدها التي غادرتها إلا بعد انتهاء القتال، تماماً كما حدث مع سلاحي البحرية والجو [51].

هذا التوصيف لمجريات الحرب، يُلزم بما لا يدع مجالاً للتأخير والتأجيل ضرورة أن يكون جهاز الدعم اللوجستي ملاصقاً لهذه الوحدات القتالية.

توصيات اللجنة: بات من الواضح في ضوء التوصيف السابق لما حصل خلال الحرب، أنه لابد من ملازمة الدعم اللوجستي للقوات القتالية، رغم ما قد يقال عن "الإهدار" المصاحب لهذه الطريقة.

وبصورة خاصة، من الضروري أن نوصي بإعادة الوحدات الموكلة بالدعم اللوجستي لأن تكون جزءاً من الوحدات القتالية، لاسيّما وأنه خلال الحرب كان من الجلي لكل ناظر أن ساحة المعركة بدت وكأنها تفتقر لليقين وعدم النظام، للدرجة التي دفعت بالكثيرين لأن يطلقوا عليها اسم "مملكة الشك".

كما أن ملاصقة الدعم اللوجستي للوحدات القتالية في ساحة المعركة من شأنه تخفيف حدة الريبة وعدم اليقين، بمعنى أن إبعاد هذا الشكّ يتطلب رفع مستوى الدعم اللوجستي ليصبح أكثر تطوراً وتحديثاً. ومن الممكن الافتراض أن الأجسام التنظيمية المنوط بها تقديم الدعم، ستخدم الوحدات القتالية الخاصة بها، أفضل بكثير من أن يكون هناك جسم أو جهاز كبير يقدم الخدمة اللوجستية لكل الوحدات القتالية، دون التفريق بين احتياجات هذه الوحدة أو تلك. كما أن تطوير القيادات القتالية في ساحة المعركة، من شأنه أن يعمل على توسيع مجال وحدات الدعم اللوجستي لتلك الوحدات الحربية.

---

[51] بصورة خاصة فإن قوات البحرية والطيران تتلقى دعمها اللوجستي اللازم لها انطلاقاً من قواعدها الأساسية، وليس من خلال الميدان الذي تقاتل في وسطه، بحراً وجواً.

وفي كل ما يتعلق بتوفير التسليح اللازم، ونقله لساحات القتال، وتوزيع الوحدات على الجبهات المختلفة، نوصي بضرورة استكمال تعبيد طريق رقم 6، الواصل من الجليل الأعلى وحتى النقب، كونه طريقاً طويلاً يصل أنحاء البلاد بصورة سريعة ومباشرة. وتعبيد طريق كهذا من شأنه أن يسهل على قيادة الجيش نقل القوات المقاتلة في لحظة الحرب، بصورة سريعة وسهلة في آن واحد من وإلى مختلف أنحاء البلاد.

كما تبرز أهمية هذا الطريق، اللوجستية والاستراتيجية، كونه يضمّ مناطق معينة، كمنطقة الشمال، القابلة للانفجار في أي لحظة، من خلال الاحتكاك المتوقع والدائم مع العدو. كما أن استغلال هذا الطريق عبر إيجاد شبكة أنفاق أرضية تقدم خدمات جليلة وعالية المستوى للوحدات القتالية، خاصة في لحظات الطوارئ، ليصبح طريقاً للدعم اللوجستي الأكثر حيوية ولزوماً. واستكمال هذا الطريق سيكون تعبيراً هو الأشد وضوحاً عن حجم استغلال موارد الدولة، ومرافقها وبناها، التي أعدت وأقيمت خصيصاً لخدمة قواتنا المقاتلة[52].

4. قيادة الوحدات القتالية: قبل سنوات قليلة ألغيت من هيكلية الجيش الرتب العسكرية الخاصة بعملية التجنيد، خاصة وأنها أعدت خصيصاً في السابق لتكون الوسيط بين القيادات الدنيا في ساحة المعركة، ونظيرتها العليا في الهيئة العامة للأركان.

وفي ذروة اشتعال حرب لبنان الثانية، تمّ تشغيل -بصورة استثنائية ومقلصة لأبعد الحدود- إحدى هذه القيادات، فالجيش بالمناسبة استخدم في السابق قوات قتالية كبيرة، لكنه نادراً ما لجأ لهذه الخطوة، وفي نطاق ضيق كما حصل في الحرب الأخيرة.

إن قيادة القوات الواسعة، وهذا ما تبين خلال الحرب، لا تستطيع فرض سيطرتها المطلقة على جميع الوحدات الصغيرة المتناثرة، مما كشف عن نقص كبير بإدارة هذه المسألة، وكان من إشكاليات حرب لبنان الأخيرة.

---

[52] من الممكن الافتراض أيضاً أن تعبيد الطريق رقم 6، فضلاً عن الجوانب العسكرية والفائدة القتالية له، فإنه قد يشكّل خدمة أيضاً لوسائل المواصلات المدنية.

توصيات اللجنة: نوصي بضرورة إعادة تشكيل قيادة جديدة خاصة بالتجنيد، وإدارة الوحدات القتالية، تابعة لهيئة الأركان مباشرة أو سوى ذلك، وصولاً لمستوى أفضل وأكثر تحسيناً لكيفية إدارة المعركة.

تأتي هذه التوصية في ضوء إمكانية اضطرار الجيش مستقبلاً لاستخدام قوات قتالية كبيرة، وفي جبهات حربية واسعة أيضاً، بحيث تبدو من خلالها السيطرة على القوات صعبة نسبياً، خاصة على صعيد الإحاطة بتفاصيل مجريات المعارك الميدانية.

5. **القوى البشرية:** خلال السنوات الأخيرة برزت أفكار وطرحت مقترحات تتعلق أساساً بـ:

أ. إمكانية تقليص عدد القوى البشرية والوحدات القتالية.

ب. تقليل مدة الخدمة العسكرية النظامية.

ج. تحديد فترة خدمة الاحتياط بفترة زمنية.

جزء من هذه الأفكار طبقت بالفعل، وجزء آخر ما زال في طور التنفيذ، وجزء ثالث لم يغادر بعد غرف المناقشات الداخلية، داخل مؤسسة الجيش وخارجها.

ولذلك، فإنه عشية اندلاع حرب لبنان الثانية، أقر الجيش خطة لتقليص فترة الخدمة العسكرية النظامية، وتحديد عدد أيام الخدمة الاحتياطية، وطبيعة المهام العسكرية التي يقوم بها جنود الاحتياط.

كما كان قد تمّ بالفعل خلال السنوات الماضية إلغاء عدد من الوحدات العسكرية، وهي في معظمها وحدات قتالية، انطلاقاً من حقيقة باتت تتجسد في أوساط الجيش بأنه لا بدّ من وضع محددات وأطر متفق عليها بين الجميع لتحدد مهامها، في ضوء أن الوضع القائم اليوم يجعل الخدمة الاحتياطية تقترب في مهامها وتكليفاتها من الخدمة النظامية، وربما أعلى منها أحياناً!.

فالتقليص الذي طرأ على موازنة وزارة الدفاع في السنوات الأخيرة، شمل بالدرجة الأولى صفوف الاحتياط، في ضوء تراجع التهديدات التقليدية التي تحيط بالدولة، وتراجع الحاجة لقوات قتالية، مما سهل على قيادة الجيش التغاضي عن هذه التقليصات.

بجانب ذلك، تشير الروح السائدة في المجتمع الإسرائيلي اليوم إلى زهد وعدم رغبة كالسابق للانضمام لصفوف الخدمة العسكرية النظامية، مما أفسح المجال لارتفاع ظاهرة رفض الخدمة والمتهربين منها.

توصيات اللجنة: اللجنة تنظر بعين الخطورة لظاهرة تراجع الرغبة بالانضمام لصفوف الخدمة العسكرية النظامية، بين الشباب الإسرائيليين، وتراجع نسبة المنضمين لصفوف الاحتياط. ومن الضرورة معاودة التذكير أن جزءاً كبيراً من أمن إسرائيل منوط بالدرجة الأولى بالجيش، وأن جزءاً كبيراً من قوته تنبع من سلاح المشاة والبرية، الذي تتركز قواته في صفوف الاحتياط!.

وبالتالي، فإن تراجع معدلات سلم التجنيد في صفوف الإسرائيليين وانخفاضها، سواء في صفوف الخدمة النظامية أم الاحتياط، يمسّ بصورة مريعة بأمن الدولة، مما يحتم على الحكومة وضع الظاهرة نصب عينيها، في سبيل العثور على حلول وعلاجات سريعة جذرية لهذا التراجع الحالي، الذي سيلقي بظلاله السيئة على طبيعة الدولة وأمنها.

علماً بأن التجنيد العسكري في صفوف الجيش، نظامياً واحتياطياً، ليس واجباً أمنياً بالدرجة الأولى، بل واجب اجتماعي مدني له علاقة بالقيم الإسرائيلية، أولاً وأخيراً.

مما يحتم على صناع القرار في الجيش والحكومة اللجوء لابتداع طرق جديدة وبديلة لأولئك الإسرائيليين الذين يبلغون من العمر 18 عاماً، ولا يلائمون الذهاب للخدمة العسكرية لأسباب مختلفة، بحيث يقدمون خدمات للدولة أسوة بغيرهم[53]. وذلك أنه يجب توجيههم للقيام بمهام وطنية ومدنية للدولة، سواء في صفوف الشرطة، أم الجبهة الداخلية، أم نجمة داوود الحمراء[54]، أم مرافق إطفاء الحرائق، أم المستشفيات والمراكز الطبية. في المقابل، يقع على عاتق الجيش وجهاز الأمن توفير أعلى المتطلبات والمؤهلات للشبان المتجندين في

---

[53] في هذا الموضوع يمكن الرجوع إلى تقرير اللجنة الخاصة بفحص مدى استعدادات الجبهة الداخلية في ساعات الطوارئ، إلى جانب ذلك ستقوم لجنة الخارجية والأمن بفحص الخيارات المتاحة لتوفيرها لأولئك المتطوعين للخدمة الوطنية.

[54] وهي المؤسسة الموكل إليها مهمة إنقاذ الجرحى وانتشال القتلى الإسرائيليين من العمليات الفدائية.

صفوف الجيش؛ ليصبحوا عموده الفقري في ساعات الطوارئ الحرجة.

وللأسف الشديد، آن أوان إلغاء خطة تقليص الخدمة العسكرية، وبالتالي إزالتها من جدول أعمال الدولة في ضوء المعطيات السابقة والمؤسفة. وبالنسبة للخدمة في صفوف الاحتياط، فإن لجنة الخارجية والأمن بصدد استصدار مشروع قانون في الكنيست ينظمها، في محاولة منها لمعالجة احتياجاتهم ومتطلباتهم، والمحافظة على لياقتهم القتالية وتأهيلهم العسكري، في ظلّ تباعد فترة الخدمة النظامية عنهم بعد مرور سنين عديدة على تركهم لصفوفها[55].

على جنود صفوف الاحتياط الانشغال الدائم بالتدريبات العسكرية لظروف الحرب، عبر استخدام مختلف القوات والوحدات، وفي إطار تشابك المهام وتنسيق العلاقات بينها على أرض المعركة؛ مما يلزم الجيش إقامة وحدات نظامية دائمة بدلاً من اشتغالها الدائم بملاحقة الخلايا المسلحة في الضفة الغربية[56].

وفيما يتعلق بالخدمة العسكرية الإلزامية، اقترح عضو الكنيست يوسي بيلين عدم إلغاء فكرة تقليص فترة الخدمة العسكرية بصورة نهائية، في هذه المرحلة على الأقل.

وبخصوص التقليصات المتعلقة بموازنة الجيش، نوصي بضرورة الاكتفاء بما وصل حتى اللحظة من تقليصات تتعلق في سلاحي المشاة والطيران، ومحاولة التطلع لاحتياجات مستقبلية للمهام العملياتية. وعلى إسرائيل التكيف مع المخاطر التي تتهددها من مختلف الجبهات، بالتلاؤم مع المحيط الاستراتيجي الحالي[57]. ومن المشكوك فيه أن تستطيع المنظومة القائمة في

---

[55] للتوسع في هذا الموضوع يمكن الرجوع إلى فصل: جنود الاحتياط وتأهيلهم العسكري.

[56] إحدى الظواهر الأكثر جلاء خلال مجريات الحرب عبرت عن عدم قدرة القوات الحربية على ملاءمة عملياتها، التي اعتادت عليها في ملاحقة الخلايا المسلحة في المناطق الفلسطينية، المختلفة في طبيعتها عن الحروب التقليدية.

[57] فيما يتعلق بخريطة التهديدات التي تبدو اليوم، يمكن الرجوع إلى النقاش الذي جرى في مسألة سلاح المشاة. وبالتالي يبدو واضحاً أن البيئة الاستراتيجية المحيطة بإسرائيل، تتطلب الفحص من جديد لطبيعة تركيبة الجيش والتزامات الدولة تجاهه.

الجيش اليوم التعايش مع أخطار وتهديدات من هذا النوع، وبالتالي الاستجابة لمطالب كهذه. بل إن هناك مزاعم عديدة تقول بعجزها عن التوفيق بين متطلبات العمليات العسكرية المزمع القيام بها في أي لحظة، خلال اندلاع الحرب، وبين التدريبات اللازمة والتمرينات العملية، للوحدات النظامية والاحتياط.

في ضوء ذلك، يجب النظر بعين الاعتبار لتكبير حجم الوحدات القتالية، النظامية والاحتياط في آن واحد، عبر استغلال الإيجابيات الكامنة في القوى البشرية، التي لم تستغل حتى اللحظة على الوجه المطلوب. وعلى الوجه الأخص القيام بحملات تدريبية ودورات تأهيلية لجميع الوحدات القتالية، التي تضم نخبة القوى البشرية في الجيش، وعلى رأسها الوحدات الميدانية التي تخوض قتالاً قاسياً على أرض المعركة.

العمليات الهجومية

حرب لبنان الثانية كشفت، ولو بصورة جزئية، التهديد الذي يطال الجبهة الإسرائيلية الداخلية، العسكرية والمدنية معاً، في ضوء المعطيات الجيو–استراتيجية التي تعيشها إسرائيل، ومن القدرة الميسرة لأعدائها للمسّ بأهداف على أراضيها.

وكجزء من هذه التهديدات، باتت مركبات القوة الإسرائيلية عرضة لجملة من التهديدات، لا سيّما النيران الدقيقة التصويب والمتماثلة في آن واحد. ومن المهم أن نذكّر أن طبيعة التهديدات على الجبهة الإسرائيلية الداخلية، تغيرت خلال السنوات الأخيرة، ولم تعد صورة الماضي ذاتها، علماً بأن طبيعة البيئة الجيو–استراتيجية التي تعاني منها إسرائيل لم تتغير بصورة مبدئية.

فقط خلال حرب يوم الاستقلال سنة 1948، وفي سنوات الدولة الأولى، استطاع الجيش التكيف مع هذه المعطيات وفق نظرية أمنية صاغها رئيس الحكومة الأول ديفيد بن غوريون، وحينها طرح السؤال: هل في ضوء التهديد الخطير الماثل على الجبهة الإسرائيلية يجب استخدام وسائل دفاع وحماية أم وسائل هجومية قتالية؟ القرار الذي اتخذ في حينه مال بوضوح لا يقبل الشك لصالح القرار الهجومي. وهذا القرار وجد تعبيره الواضح عبر الأسس المعلنة للنظرية الأمنية والقوة العسكرية، التي اتبعها الجيش منذ بداياته الأولى.

الفرضية التي استند عليها الجيش في هذا التوجه قضت بأنه في ضوء الآفاق المحدودة التي تجد إسرائيل نفسها فيها، فمن الأفضل انتهاج الوسائل الهجومية لـ"اجتثاث" التهديدات المحيطة بها، خاصة على الجبهة الداخلية، بدلاً من الوقوف في حالة الدفاع عنها. ونتيجة لهذه العقيدة العسكرية التي وجهت الجيش نحو الهجوم، لم يتبقَّ سوى آفاق قليلة ومعدودة استوجبت الوجهة الدفاعية. وأكثر من ذلك، فإن جزءاً أساسياً من الاستثمار العسكري في مجال مركبات القوة العسكرية جاء لحماية الوسائل الهجومية لإسرائيل. هذه الطريقة أثبتت بأنها مناسبة طوال سنوات الدولة، وفي هذا الإطار، نجحت في توفير الحماية اللازمة لجبهتها الداخلية عبر طريقين أساسيين:

1. إدارة معركة قصيرة زمنياً، تستطيع الجبهة الداخلية خلالها تحمل بعض التفجيرات والهجمات، في ظل وجود وسائل حماية مناسبة، واستخدام مختلف الوسائل المادية

كالملاجئ، والمخازن، والتعليمات الصادرة عن قيادة الجبهة الداخلية...إلخ.

2. "إلغاء" قدرات العدو على المسّ بالجبهة الداخلية.

للأسف فإن أياً من الطرق السابقة لم تستخدم خلال حرب لبنان، وهنا، ومنذ سنوات التسعينيات في القرن الماضي، نشهد بصورة متزايدة استثماراً كبيراً لصالح الوسائل الدفاعية، وليس هدفه بالضرورة توفير الحماية للوسائل الهجومية لإسرائيل، كما كان معمولاً به سابقاً.

وقررت الأوساط المسؤولة إطلاق ثلاثة مشاريع مركزية ذات صلة بما تقدم، وهي:

1. تطوير مشروع التسليح الخاص بصدّ القذائف الصاروخية المعادية.

2. توزيع وسائل وأدوات حماية على مختلف السكان.

3. بناء الجدار الأمني بين إسرائيل والضفة الغربية وقطاع غزة.

مؤخراً، وخلال الأشهر الأخيرة، كُشِفَ النقاب عن مشروع جديد للبدء في توفير الوسائل الدفاعية لحماية منطقة "غلاف غزة".

هذه المشاريع الدفاعية تأتي في تعارض تام للوجهة التاريخية، التي سارت بموجبها الدولة خلال العقود السابقة؛ من حيث تقليص الاستثمار في وسائل الحماية والدفاع. ليس واضحاً إن كان اللجوء لهذا الاستثمار المتزايد في الوسائل الدفاعية أتى عقب التأثيرات التي طرأت على النظرية الأمنية الإسرائيلية، و/ أو من خلال الرغبة لتأسيس علم جديد خاص بمفهوم "الدفاع"، بجانب مفاهيم الردع والحسم، التي شكلت الأسس الأولى للنظرية الأمنية. وحتى اليوم، نلاحظ أنه ثار جدال كبير بين مختلف الأوساط حول مصداقية وجدوى تلك الوسائل، التي استثمرت فيها مبالغ مالية هائلة.

توصيات اللجنة: ليس بودنا التدخل في التفاصيل المهنية العسكرية الدائرة في هذا المجال، لأن من الواضح أن ثمة جزء على الأقل من هذه الوسائل الدفاعية، ومشاريع الحماية منع بصدق سقوط العديد من الضحايا الإسرائيليين، بل أضاف لقوة الردع الإسرائيلية، رغم ما يثار بين الحين والآخر عن التأثير والجدوى الأمنية للاستثمار في هذا السياق، في ظل انعدام البدائل الأخرى غير المتاحة.

ومع هذا، بودنا العودة والتأكيد على مصداقية المبررات التي سيقت على مدى سنوات الدولة حتى اليوم، للاستثمار في مجال الوسائل الهجومية أكثر من الوسائل الدفاعية. وفي الوقت ذاته، على إسرائيل تقوية مفهوم الردع والحسم العسكري مع العدو بوسائل دفاعية وفق أفضل النظم العسكرية. وبالإضافة لكل ما تقدم، يجب الإيعاز للجهات المسؤولة بضرورة تطوير المشاريع الدفاعية لصدّ القذائف الصاروخية، التي على ما يبدو، غدت الوسيلة الأكثر إيلاماً لنا بأيدي أعدائنا.

النظرية الأمنية

النظرية الأمنية الإسرائيلية لم يعلن عنها رسمياً إلا أواخر سنوات الأربعينيات وأوائل الخمسينيات من القرن الماضي، وتمت صياغتها في ظلّ تعرض التجمعات اليهودية، ولاحقاً دولة إسرائيل، لجملة تهديدات في سنواتها الأولى.

شرحت النظرية كيفية بناء القوة العسكرية لإسرائيل، وآليات تشغيلها، في الأوقات العادية ولحظات الطوارئ، وفي سبيل وضع الأسس الأولى للأمن القومي الإسرائيلي، النابع أساساً من الموقع الجيو–سياسي، والبيئة الجيو–استراتيجية للدولة. كما ارتكز جوهر النظرية الأمنية الإسرائيلية على حجم القوات العسكرية بينها وبين الدول العربية، ووجدت الدولة نفسها في محدودية عالية مع أعدائها، في مختلف المجالات:

1. القوى البشرية.
2. المساحة الجغرافية.
3. الآفاق السياسية.
4. الموارد الطبيعية.

مع أوائل سنوات الخمسينيات من القرن الماضي، كانت مساحة الدول الأربع المحيطة بإسرائيل تبلغ 63 ضعفاً من مساحة إسرائيل، فيما وصلت مساحات الدول العربية مجتمعة 560 ضعفاً من مساحة إسرائيل، بالنظر لحدود وقف إطلاق النار لعام 1949. وكان سكان الدول العربية آنذاك يزيدون 50 ضعفاً عن عدد سكان إسرائيل، التي بلغ عدد سكانها سنة 1948 ما يقرب من 650 ألف نسمة، فيما بلغ عدد سكان الدول العربية 32.3 مليون نسمة، وبعد مرور هذه السنوات، لم يتغير شيء من هذه المعطيات الخاصة بالدولة ومحيطها. الدول العربية من جهتها شعرت بالتميز عن إسرائيل في التفوق الديموغرافي والطبيعي، سواء على صعيد الجبهة المحلية، كهضبة الجولان، والضفة الغربية، أم على صعيد المستوى الاستراتيجي الواسع.

كما أن غياب العمق الاستراتيجي الذي ما زالت تعاني منه إسرائيل، خصوصاً على صعيد السهل الساحلي، تسبب بأضرار كبيرة في مرافق البنى التحتية والأماكن الحيوية للدولة، وباستثناء الانخفاض في الحجم السكاني والقوى البشرية، سقطت إسرائيل فريسة بأيدي أعدائها من قبل جيرانها المحيطين بها.

كانت الترجمة العملية للمعطيات الإحصائية الخاصة بإسرائيل وجيرانها، بجانب الموقف السياسي، والمستوى التربوي، والجانب العلمي، والاقتصاد، والتعليم، وغيرها، تتمثل بالجانب العسكري، الذي وجد طريقه نحو التنفيذ في أي مواجهة عسكرية حرجة وحادة. وفي محاولة من إسرائيل لإعادة توازن القوى العامة بينها وبين أعدائها، توجهت إسرائيل للاستثمار بصورة غير تقليدية في تنمية قواتها وقدراتها في عناصر الموقف الخاص بها، واستطاعت تحقيق تفوق على أعدائها في عدة مجالات، كالقيم، والعلم، والتكنولوجيا، والقدرات العسكرية المهنية، والتفكير العسكري النظري. وبالتالي، بات واضحاً أن إسرائيل تمتلك في ضوء هذا التحدي استراتيجية دفاعية شاملة. ومع ذلك، وفي ضوء تراجع الواقع الجيو-استراتيجي، ولضمان تفوقها في أي مواجهة عسكرية قد تفرض عليها، اعتمدت الدولة لنفسها طريقة هجومية واضحة في المستوى الاستراتيجي في أعلى مستوياته.

إن "النظرية الدفاعية هي هجومية في روحها، وتخطيطها، وتنظيمها"، هكذا كتب في توصيات "طاقم العمل" برئاسة حاييم ليسكوف، الذي صاغ وطور نظرية القتال، والتنظيم، والتدريب، والتشغيل، الخاصة بالجيش الإسرائيلي بين عامي 1949–1950. وكان الهدف الأساسي من تلك الطريقة متمثل في إبادة قدرات العدو؛ للتشويش على فعاليته الهجومية.

تطوير القدرات القتالية للجيش، أتى في ضوء الاعتراف بتراجع الموقع السياسي للدولة، وأدى لأن يدير الجيش حروباً قصيرة وحاسمة في الوقت ذاته، مما عمل على استعادة الجيش والدولة لموقعهما العسكري والسياسي.

وإليكم عينة من أسس النظرية الأمنية، التي كونت في فترة لاحقة مركبات النظرية الأمنية الإسرائيلية، وهي على النحو التالي:

1. إدارة استراتيجية دفاعية تعمل على الحفاظ على واقع الردع الإسرائيلي الحربي.
2. الإبقاء على صيغة جيش نظامي قليل العدد، ونوعي الأداء، وجيش احتياطي شعبي، استطاع دائماً صد أي تهديد مَثُل أمام إسرائيل.
3. الامتناع عن القيام بحروب استنزافية، طويلة الأمد ومتواصلة، والرغبة بالانتهاء من هذه الحروب بالسرعة اللازمة، وبصورة واضحة حاسمة.
4. المبادرة لشنّ ضربة استباقية في ظلّ التهديدات الماثلة، لتفعيل جبهة القتال ونقلها لأرض العدو، وتدمير قواته.

5. تطبيق طريقة جديدة من الدفاع الكاسح على حدود إسرائيل، ومنع أي محاولة للانسياب داخل حدودها.

ومن أجل تنفيذ تلك الأسس النظرية، بنى الجيش قوته العسكرية، عبر مختلف الأسلحة والأذرع العسكرية، وعلى رأسها سلاحي الجو والمشاة منذ سنوات الستينيات، اللذين احتفظا بقوة عالية المستوى والتأهيل. بجانب ذلك، تطورت في إسرائيل القدرات الاستخبارية الأمنية اللازمة للقوة الردعية، بجانب عمليات التجنيد والاستعداد اللازم للحرب. وبالتالي جاءت تلك الأسس الميدانية للنظرية الأمنية في ضوء تراجع الموقف الجيو-استراتيجي لإسرائيل، ومحاولة إخضاع جيوش العدو في لحظة الحرب.

في نظرة للوراء، وفي تقييم سريع لقليل من الإخفاقات التي واجهت تطبيق النظرية الأمنية الإسرائيلية، فإن التاريخ الطويل للحروب، التي خاضتها إسرائيل دلّ بما لا يدع مجالاً للشك على أن هذه النظرية وجدت طريقها للتنفيذ في أفضل صورها.

شاهد آخر على ذلك، جميع تلك الحروب والمواجهات المسلحة التي خاضتها إسرائيل حتى اليوم، أشارت إلى نجاح إسرائيلي لإخضاع أعدائها، أو على الأقل منع وقوع حالة الهزيمة والخسارة كحد أدنى.

النجاحات الإسرائيلية أسست ردعاً كبيراً أسفر عن نتيجة مزدوجة:

1. جزء من أعدائنا غادروا طريق الحروب، ووقعوا معنا اتفاقيات سلام.
2. وجزء آخر اتجهوا نحو طرق عسكرية غير تقليدية وغير متماثلة، كحروب الاستنزاف، والعصابات، واستخدام صواريخ باليستية، وغيرها.

حرب لبنان الثانية شكلت نموذجاً واضحاً على التغير الذي طرأ على تلك النظرية، فيما استطاع حزب الله تطوير قدراته العسكرية خلال العقد الأخير، عبر اللجوء لوسائل وطرق "غير متماثلة" في ماهيتها.

هذا التصور المبدئي للنظرية لم يجرِ تطبيقه بسبب الفشل في وضع قيود على القذائف الصاروخية للحزب، واستراتيجية المواجهة، والامتناع عن معارك قتالية على غرار الاستنزاف. فأثبتت إدارة الحرب ميدانياً إخفاقاً كبيراً في تحقيق أجزاء واسعة من النظرية الأمنية التي سبق الحديث عنها، ومنها:

1. نقل المعركة لأرض العدو وتدمير قواته: جوهر المعركة القتالية التي تخوضها إسرائيل تقوم على مبدأ "النيران المضادة"، من الجو والبر، لا سيّما وأن النيران المضادة حققت تقدماً لدى الجيش، ومكنته من نقل القتال لأرض العدو، كما لم يحصل في الماضي.

ومع وجود مبدأ النيران المضادة، افتقد الجيش لمركب أساسي، يتمثل بعنصر بري ميداني يكون قادراً على نقل القتال لأرض العدو عبر وسائل برية ميدانية.

معظم العمليات العسكرية التي نفذها الجيش دخلت لعمق عدة كيلومترات داخل الحدود اللبنانية، كما أن القوات البرية امتنعت عن القيام باختراق الوضع القائم، والوصول لحالة احتكاك مباشر مع قوات حزب الله، التي نفذت عمليات إطلاق القذائف الصاروخية شمال إسرائيل.

فكانت النتيجة الطبيعية لهذه الإدارة الحربية، أن جزءاً أساسياً من الدولة غدا قطعة من الأرض تجري عليها الحرب، خاصة على صعيد الجبهة الداخلية. رغم أن العملية العسكرية التي نفذها الجيش داخل الأراضي اللبنانية لم تؤثر كثيراً على قوات الحزب المنتشرة على طول الحدود اللبنانية حتى نهر الليطاني. فالاعتماد الإسرائيلي على الضربات الجوية طوال مجريات الحرب تقريباً، لم ينجح في التأثير على تدمير قوات العدو.

2. إزالة التهديد عن الجبهة الداخلية ومنع قيام حرب استنزاف: كما تبين في بداية الفصل، فإن تراجع الموقف السياسي والعسكري لإسرائيل، أثر سلباً على كيفية إدارة الحرب. خذ على سبيل المثال: تكاثر التواجد السكاني، وتزايد النمو البشري، في منطقة جغرافية ضيقة، ومنحها للخدمة المدنية لجنود الاحتياط، جعلت من المحتم ضرورة إزالة التهديد الماثل أمام الدولة، وصولاً لتقصير مدة الحرب، ومن ثم تحقيق مرحلة الحسم النهائي.

في حرب لبنان الثانية، وقفت الجبهة الداخلية مكشوفة بصورة كاملة تقريباً، بحيث وصلت الأضرار إلى معظم مناطق شمال الدولة، مما كان له أكبر الأثر الطبيعي والاقتصادي.

وبناء عليه، تواصلت الحرب 34 يوماً متتالياً، وتحولت فعلياً، دون أن يعلن عن ذلك، إلى "حرب استنزاف فاقعة"، بالإضافة إلى التبعات والنتائج المترتبة على المستويات الاقتصادية؛ الاجتماعية والعسكرية في آن واحد.

3. **الحسم النهائي**: الفرضية التي اعتمدها رئيس هيئة الأركان السابق بعد الحرب أن "إسرائيل منتصرة بالنقاط"، بعيدة كلياً عن أسس النظرية الأمنية الإسرائيلية، على الرغم من أنها قامت على أساس الإنجازات العسكرية التي حققها كلا الجانبين. فما هو مطلوب فعلاً أن تكون الكفة الراجحة في النهاية لصالح إسرائيل، عبر تحقيق انتصار كاسح.

ذلك أنه فقط بتحقق حسم عسكري واضح ومؤثر لصالح إسرائيل من شأنه منحها القدرة على تحقيق الردع وتعميقه. وفي نهاية الأمر، لم تنجح إسرائيل في تحقيق الحسم بالسرعة المطلوبة كما عمل في سبيل ذلك آلاف المقاتلين.

4. **قوات الاحتياط**: جوهر قوات الجيش الإسرائيلي، خاصة في سلاح البر، يعتمد على صفوف الاحتياط، وفي الماضي كان أي دخول إسرائيلي لأي حرب محتملة، يتطلب على الفور استدعاء جنود الاحتياط في أجهزة مختلفة. جنود الاحتياط تدربوا و / أو أنيطت بهم مسؤولية خوض حروب في جبهات مختلفة، خاصة على صعيد بقائهم كقوات مساعدة ومساندة. أما خلال هذه الحرب فقد اكتشف أن هناك تأخيراً في استدعاء الاحتياط وبأعداد كبيرة، وحتى نهاية الحرب، تمّ تجنيد عشرات الآلاف من صفوف الاحتياط.

ورغم ذلك، فإن جزءاً من صفوف الاحتياط، الذين تمّ استدعاؤهم استخدموا في نطاق ضيق، وخدموا في مجالات ضيقة وصغيرة، بحيث أن طريقة تشغيل تلك القوات لم تتمّ كما ينبغي، وبالصورة المتوقعة والمفترضة في مثل هذه الظروف.

ونتيجة لذلك، ينبغي على النظرية الأمنية أن تكيف نفسها لحظة تجنيد الاحتياط على أن تكون إسرائيل في وضع كمي من الجنود أكثر من أعدائها. وفي حرب لبنان الثانية، وبعكس الوضع في الحروب السابقة، وجدت إسرائيل قواتها متفوقة من الناحية العددية منذ افتتاح لحظة المعركة، وهذا التفوق ازداد وتعاظم، وبالتالي كان

بإمكانه أن يحقق لإسرائيل نقاطاً إيجابية لصالح الوصول إلى مرحلة الحسم مع العدو. ومع ذلك فإن الإخفاقات التي صاحبت عملية التجنيد واستخداماتها لم تجعل هذه النتيجة تصل نهايتها[58].

5. **الضربة الاستباقية**: خلال حرب لبنان الثانية، حاربت إسرائيل منظمة لادولانية، ذات أهداف عسكرية وسياسية مخفية، بعكس ما كان لدى أعدائها السابقين خلال الفترات الماضية. وكان بإمكان إسرائيل توجيه ضربة استباقية ضد حزب الله، عبر تدمير جزء من قواته العسكرية، المتمركزة أساساً في القذائف الصاروخية الطويلة والمتوسطة المدى خلال فترة قصيرة مع بداية الحرب. وكان جدير بالهجمة المفاجئة المطلوبة أن توقع تأثيراً نفسياً مباشراً على قدرات الحزب، علماً بأن هذه الضربات المفاجئة لا يرتجى منها الوصول لمرحلة الحسم مع العدو، لكنها قد تفتح المجال أمام عملية أوسع مكاناً، وأطول زماناً.

6. **المنطق الهجومي**: بعد نجاح سلاح الجو في توجيه ضربات قوية للقذائف الصاروخية الطويلة والمتوسطة المدى، التي يملكها حزب الله، واصل الجيش عملياته الجوية وهجماته الميدانية البرية على طول الحدود اللبنانية. وحتى نهاية الأيام الأخيرة للحرب، اتخذت العمليات البرية طابعاً موضعياً محدداً وقصير المدة الزمنية، وارتضى الجيش لنفسه سلوك الطريق الهجومي الجوي فقط، بعيداً عن اللجوء للنهج الميداني البري المكثف والمتواصل عبر القوات البرية، الذي لو تمّ لمارس ضغطاً نفسياً على العدو.

7. **مسألة الزمن**: من أهم الإنجازات السياسية الأكثر وضوحاً خلال هذه الحرب، نجاح إسرائيل في تجنيد شرعية دولية وإقليمية، وداخلية إسرائيلية، والحفاظ على هذا الإنجاز طوال فترة زمنية طويلة. لكن من الناحية الواقعية، فإن المدة الزمنية التي كان يجب لها أن تخدم الجيش مست به سوءاً. ففي الماضي، انتهجت

[58] كبديل عن هذا الإخفاق، كان بإمكان الجيش الإسرائيلي منذ بداية المعركة أن ينقل القوات النظامية المدربة إلى منطقة الشمال، وهي قوات تفوقت على حزب الله كماً ونوعاً، وكان بإمكانه أن يستخدم قوات الاحتياط لدعم تلك الوحدات، ويستبدلها في باقي الجبهات لحين انتهاء الحرب.

إسرائيل خلال كل حروبها تنفيذ مهماتها العسكرية خلال وقت قصير -انطلاقاً من جملة المعطيات الدولية الخارجية من جهة، ومن جهة أخرى لاعتبارات اجتماعية إسرائيلية داخلية- عبر التخطيط لجدول أعمال عملياتي مكثف وسريع.

وهكذا استخدمت المحدودية الزمنية كعنصر أساسي ومركزي في التخطيط العسكري الإسرائيلي، لكن الحرب الأخيرة التي شهدت إطالة لأمدٍ أعاق إنجاز الجيش لأهدافه بالسرعة المطلوبة، وأدى لنقص فادح في جدوى العملية العسكرية برمتها.

8. **الردع**: حرب لبنان الثانية أثرت سلباً على قوة الردع الإسرائيلية في عدة مجالات، على النحو التالي:

أ. **المستوى الاستراتيجي - السياسي**: الذي ترافق مع الرد العسكري الإسرائيلي الهجومي وغير المتوقع ضد حزب الله، في ظل الضربات المتواصلة والتفجيرات التي أطلقها الحزب تجاه الجبهة الإسرائيلية، مما توجب تحقيق قدر كبير من الردع الإسرائيلي.

ب. **المستوى العملياتي**: وتبدى عبر "مظاهر القوة" التي أبداها الجيش، وعمل على تدمير القدرات القتالية للحزب في قذائفه الصاروخية المتوسطة والطويلة.

ومع ذلك، هناك جملة من التطورات الأمنية، دلت على ضرب قوة الردع الإسرائيلية، أهمها:

أ. تواصل إطلاق القذائف الصاروخية على الجبهة الإسرائيلية.

ب. فقدان القدرة الإسرائيلية على التخفيف من إطلاق القذائف طوال أيام الحرب.

ج. نجاح حزب الله في المحافظة على قواته العسكرية.

د. غياب المسّ المؤثر في قيادات الحزب.

هذه الشواهد وغيرها لعبت ضدّ صالح إسرائيل، سواء أمام أعدائها في ساحة المعركة، أم أمام أصدقائها في المحافل السياسية[59].

هذه النقطة لها تبعات ونتائج بعيدة المدى على صعيد الحرب العالمية على الإرهاب، وتدخل الولايات المتحدة في منطقة الشرق الأوسط، وعلاقتها بإسرائيل. ومما لاشك فيه أن تراجع قوة الردع الإسرائيلية أتت لصالح عدد من الأطراف المعادية كسورية، والمنظمات الفلسطينية، بعد انتهاء الحرب.

في حساب آخر، فإن حرب لبنان الثانية وفي الوقت الذي ضربت فيه قوة الردع الإسرائيلية، وأصابته في مقتل، فإنها أبعدت آفاق السلام، الذي كان ينبغي أن يقوم مع جيراننا، ومنعت إسرائيل من التمتع بوضع عسكري وسياسي أفضل مما صار عليه الوضع في أعقاب الحرب.

وللمرة الأولى في تاريخ الدولة، فإن الطرف الذي حاول الاعتداء والتطاول عليها لم يدفع الثمن الباهظ والواضح بما فيه الكفاية. هذه النتيجة جاءت مخيبة للآمال، خاصة وأن استعادة قوة الردع وقفت على رأس أهداف إسرائيل الأولى مع اندلاع الحرب الأخيرة.

توصيات اللجنة: انطلاقاً من قناعتنا بأن هناك تغييراً جوهرياً طرأ على طبيعة الواقع الجيو-استراتيجي الذي أسهم في تأسيس النظرية الأمنية الإسرائيلية، التي تمّ تصميمها أوائل سنوات الخمسينيات من القرن العشرين، إلا أن المعطيات الميدانية ما زالت قائمة في عمومياتها.

وبجانب ذلك، وفي ضوء حلول تغييرات معينة في ساحات القتال، وطبيعة

[59] على سبيل المثال: ملك الأردن، عبد الله الثاني، زعم بعد نهاية الحرب أن إسرائيل ليست قوية كما كان يعتقد الكثيرون. لأنه كما قال هو والكثير من زعماء المنطقة، فقد خسرت إسرائيل الحرب أمام حزب الله، وهم الذين كانوا يعتقدون أن قوتها "الموهومة" هي التي ألجأتهم إلى طريق السلام معها.

كما أنه من حيث النظرة الإسرائيلية الداخلية، فهناك دور كبير لنتائج الحرب في التأثير على الرأي الداخلي: فجزء كبير من الجمهور الإسرائيلي خرج بقناعة أن الحرب انتهت بصورة غير مقنعة، وجزء آخر لا يقل أهمية اقتنع أن إسرائيل خسرت الحرب.

ما تقدم يُظهر لنا كيف تأثر الردع الإسرائيلي بصورة سلبية، وأدى بالتالي إلى تراجع الثقة الشعبية بالجيش والقيادة على حد سواء.

المواجهات العسكرية، فإن تطبيق مبادئ تلك النظرية الأمنية تتطلب تحديثاً معيناً في بعض المجالات. فمن ناحية المبادئ الاستراتيجية، فإن الوصول لمرحلة الحسم مع العدو، عبر كسر إرادة العدو في مواصلة الحرب، هي الهدف الذي من أجله خاض الجيش العديد من مواجهاته العسكرية المسلحة، وهي التي حققت له قدرة الردع.

خلال وقت الحرب، في المنطقة المحاذية لإسرائيل، لم يكن الوصول لتغيير استراتيجي ذي قيمة متاحاً دون نقل ساحة القتال لأرض العدو، لكنه بسبب التراجع الذي حلّ بالموقف السياسي والميداني لإسرائيل، كان يجب منع المساس مطلقاً بالجبهة الداخلية، وبالتالي إعادة اعتبار عامل الزمن لجوهر التخطيط العسكري.

كما يجب المحافظة على تأهيل كافٍ ومقبول لقوات الاحتياط، بحيث يتمّ تجنيدهم وتفعيلهم في حال انضمامهم لأي مواجهة عسكرية مرتقبة، خصوصاً المواجهات الواسعة والمكثفة.

وعلى نطاق توسيع الفكرة الهجومية، فإن الجيش مطالب بتدمير قدرات العدو، كجزء أساسي من إزالة التهديد الماثل أمام إسرائيل. ومن الممكن، بل والمطلوب، القيام بعملية تشبيك وتنسيق بين مختلف الأفكار الجديدة في التخطيط العسكري، دون المسّ بضرورة ضرب الأهداف المرشحة في ميدان المعركة، ومن أهمها: استهداف مواقع العدو وقدراته العسكرية، ونقل القتال البري الميداني لأراضيه.

بالنسبة لقوة الردع، فهي تُعدّ ذات وظيفة حساسة وحرجة في النظرية الأمنية لإسرائيل، ففي ضوء تنامي قوة ردعنا، سيبدي أعداؤنا تردداً كبيراً تجاه التفكير بشنّ حرب علينا، ومن الممكن أن يؤدي تناميها لفكرة التسليم ببقاء إسرائيل وقيامها في المنطقة.

قوة الردع أتت من خلال جملة من التراكمات، التي حصلت عليها الدولة عبر سلسلة من المواجهات العسكرية، التي فرضت عليها خلال العقود الماضية، وبالتالي، وضعت كـ"لبنة أساسية" في الاستراتيجية الإسرائيلية، ورغّبتها بالوصول لاتفاقيات سلام مع جيرانها من موقع قوة، وليس موقع ضعف. علماً بأن قوة الردع لا تتأتى فقط من وقائع عسكرية بحتة، وذلك لوجود مركبات وأجزاء إضافية تسهم في بنائها، لكن من

الناحية العسكرية، يجب عند التفكير بأي عملية ميدانية أن تكون من أهدافها العليا خدمة قوة الردع الإسرائيلية.

بعيداً عما سبق، وفي حالة مواجهة إسرائيل لمنظمات مسلحة، وكيانات غير دولانية بحماية دول معينة، أو في حالة فراغ سلطوي، مقصود أم عفوي، يجب العثور على طرق ووسائل ردعية تناسب الوسائل التي تنتهجها تلك المنظمات والكيانات.

إنجازات الحرب

حتى الآن انشغل هذا التقرير بإجراء فحص وتحليل لمختلف الإشكاليات المركزية المتصلة بمجريات الحرب، بهدف الوصول للفهم العميق المطلوب لمعرفة آثارها وتبعاتها المختلفة، عبر استخلاص الدروس والعبر اللازمة.

بطبيعة الحال، فإن توصياتنا المتعلقة بالإخفاقات والمشاكل، التي كشف النقاب عنها خلال الحرب، غدا القيام بإصلاحها أمراً ملحاً. ومع ذلك، ورغبة منا في إعطاء صورة كاملة عما دار في الحرب، نرى أنه من المناسب استعراض أبرز الإنجازات السياسية والعسكرية الأساسية على الأقل:

1. جوهر العملية العسكرية الواسعة، والهجومية، غير المتوقعة، كانت بهدف الوصول لمرحلة كسر إرادة حزب الله، والقيام بتغيير كامل لقواعد اللعبة، التي مثلت أمامنا وأمامه طوال السنوات الماضية منذ الانسحاب من لبنان.

القوة الردعية للحزب تمّ ضربها بصورة واضحة، عبر عدة شواهد؛ أبرزها حجم الاستعداد الذي أبداه الجانب الإسرائيلي في محاولته وقف إطلاق القذائف الصاروخية باتجاه الجبهة الداخلية.

2. الحصول على مصداقية وتأييد دوليين للعملية العسكرية، بالرغم من تواصلها لمدة طويلة، وذلك على خلفية علاقتها بالمواجهة العسكرية القائمة بين العرب وإسرائيل، وفي ظلّ الحرب العالمية المعلنة على الإرهاب، خاصة وأن هناك معسكرين في العالم الإسلامي، هما: الدول المعتدلة، ومحور الشر.

هذا الأمر الذي حققته إسرائيل تبدى بصورة واضحة من خلال اجتماع دول الـ G8 في مدينة سانت بطرسبيرغ مع بداية الحرب.

3. المواجهة العسكرية الأخيرة "فرضت" على الحزب استخداماً مبكراً، دون رغبة منه، لأسلحة حصل عليها من قبل إيران وسورية، في غير الوقت المناسب بالنسبة لهم.

إيران من جهتها، بالمناسبة، لم تكن راغبة بانطلاق مواجهة عسكرية واسعة وكبيرة في مثل هذا التوقيت بالذات، في معارضة للمزاعم السائدة من أن الإيرانيين

بادروا لشنّ هذه المواجهة –من خلال الحزب– لصرف أنظار الرأي العام العالمي عن مشاريعها النووية. وبالتالي فإن الحرب الأخيرة سلطت الأضواء أكثر فأكثر على جهود إيران في هذا المجال. والحرب أيضاً رفعت من حدة المعسكر المواجه لإيران، عبر عدد من الدول "السنية"، التي تتبنى آراء ليبرالية تجاه إسرائيل، كالمملكة السعودية، والأردن، ومصر. فهذه الدول باتت تشعر بخوف متزايد من الأيديولوجية "الشيعية" الراديكالية، التي تروجها إيران عبر مندوبيها في المنطقة، وعلى رأسهم حزب الله. هذه المواجهة التي أعلنتها الدول السنية ضدّ المحور الإيراني الشيعي يأتي بالتأكيد لخدمة المصالح الإسرائيلية في منطقة الشرق الأوسط.

4. "مبادرة السلام" التي أعلنتها القمة العربية من خلال السعودية، تمّ الإعلان عنها للمرة الأولى قبيل الحرب، وتمّ تبنيها أيضاً بعد انتهاء الحرب ذاتها. هذه المبادرة تعبر عن روح جديدة باتت تعم العالم العربي، وبالإمكان العودة لأيام ما بعد حرب الأيام الستة (حزيران/ يونيو 1967) حين حقق الجيش الإسرائيلي حسماً عسكرياً غير مسبوق ضدّ الجيوش العربية، حيث اجتمعت الدول العربية في الخرطوم وأعلنت "اللاءات الثلاث":

أ. لا للاعتراف بإسرائيل.

ب. لا للدخول في مفاوضات سياسية معها.

ج. لا لعقد اتفاقيات سلام معها.

الآن بالذات، وبعد أن انتهت حرب لبنان الثانية بالصورة الأكثر تخييباً للآمال الإسرائيلية، خاصة من الناحية العسكرية، تراجعت الدول العربية بصورة عامة عن مطالباتها بـ"إلغاء" إسرائيل، وعادت للاعتراف بها من خلال بعض الشروط المعينة.

هذا لا يعني أن الشروط المعلنة مقبولة وموافق عليها من قبل إسرائيل، لكن مجرد إبداء الاستعداد بإمكانية الاعتراف بها، يعدّ تطوراً إيجابياً في العالم العربي.

5. إيجاد وضع ميداني جديد على غرار القوات الدولية "اليونيفيل"، يتمّ تسمينها بجانب القوات اللبنانية التي تصل في مجموعها إلى 25 ألف جندي، بصورة تتفوق كلياً على قوات حزب الله.

في بداية الحرب، أعلن نصر الله أنه لن يوافق إطلاقاً على تواجد الجيش اللبناني و / أو القوات الدولية في جنوب لبنان، وبالتالي جاء دخول قوات عديدة من كلا المصدرين، المحلي والدولي، وفقاً لقرار الأمم المتحدة رقم 1701 بمثابة إنجاز سياسي لإسرائيل.

هذا التواجد، والرغبة بجدواه وفعاليته، لم يمكن الحزب من العمل بحرية كما السابق، خاصة في المناطق المحاذية للحدود اللبنانية الإسرائيلية. وهكذا، فإن إعادة انتشار قوات الحزب شمال منطقة الليطاني تدل بصورة واضحة على الصعوبات الميدانية التي يواجهها في منطقة الجنوب. ومع ذلك، فإن التنفيذ الجزئي للقرار 1701، في ضوء العجز عن سحب سلاح حزب الله، لا يمنع انتشاراً عملياتياً سرياً متجدداً بصورة دائمة لقواته جنوب الليطاني، فيما عمليات التسليح المتواصلة على قدم وساق غير متوقفة، ولم تتضرر أصلاً.

هنا ينبغي توضيح نقطة في غاية الأهمية، وهي أن تسلح الحزب بالمزيد من الأسلحة والدعم اللوجستي بصورة سريعة وسهلة، تبدو أكثر إنجازاً من إعادة تأهيل ما تضرر، خلال مجريات الحرب.

6. من الصعوبة بمكان في هذا التقرير البحث في كيفية تأثير الحرب –على المدى الطويل– على موقع وموقف الحزب داخل لبنان، وكيف يمكن أن تتطور علاقات القوى السياسية الداخلية في المستقبل. فحزب الله من جهته يشعر أنه تضرر فعلياً، بسبب ما نسب إليه من أضرار فادحة لحقت باللبنانيين في أعقاب الحرب، وهناك من يتهمه فعلياً بتعميق المعاناة الداخلية، وافتعال الأزمة الاجتماعية – الطائفية – الاقتصادية التي تعيشها الدولة. في المقابل، فإن معسكر 14 آذار، برئاسة رئيس الحكومة السنيورة، تحلى بموقف حازم أمام محاولات إسقاطه من المعارضة اللبنانية.

وبالمناسبة، فإن الجيش اللبناني، مؤخراً، سيطر –للمرة الأولى وبعد مواجهات عسكرية متواصلة مع منظمة "فتح الإسلام" المشتبه بانتمائها لتنظيم القاعدة– على أحد مخيمات اللاجئين الفلسطينيين. هذه السيطرة الميدانية تشير لما يمكن أن يسمى "السياسة الهجومية" للحكومة اللبنانية والجيش اللبناني ضدّ الميليشيات المسلحة.

7. المسّ المباشر والقاسي بالقدرات القتالية والقذائف الاستراتيجية لحزب الله، عبر استخدام وسائل هجومية ومبادرة. وهنا من الضرورة بمكان الإشارة إلى أن الأضرار الناجمة عن استخدام الصواريخ طويلة ومتوسطة المدى أكبر بكثير من الأضرار الناجمة عن استخدام "الكاتيوشا" قصيرة المدى، انطلاقاً من أنها تضاعف آثارها التدميرية بـ 5-10 أضعاف[60].

8. النجاح الكبير في التعقب والعثور على منصات إطلاق الصواريخ ذات الأثقال المتوسطة، ومهاجمتها في الوقت المناسب والحقيقي. وباستثناء بعض الحوادث المتفرقة، شهدت الحرب تدميراً شبه كامل لمنصات حزب الله، بعد أن تمّ استخدامها لمرة واحدة وأولى فقط[61]. وجاءت النجاحات الميدانية، لتضيف بعداً جديداً وقوياً للقوة الردعية لإسرائيل.

9. النجاح بتدمير الخط المتقدم للمواقع العسكرية، وجزء أساسي من البنى العسكرية البرية، لحزب الله على طول الحدود، وإبطال مفعول قواته التي استعدت جيداً لمرحلة ما قبل الحرب.

10. الإصابة المباشرة في الضاحية ووسط بيروت، التي شكلت منطقة تجمع الحزمة القيادية الرفيعة للحزب، والمسّ بصورة مؤلمة بجبهته الاستراتيجية في بعلبك، وعلى طول الأنفاق المنتشرة على طول بيروت.

11. المسّ، بالصورة الأكثر تحديداً، بأهداف ومواقع الحزب، من بينها 550-650 قتيلاً في صفوفه، وتدمير آلاف المباني، والمواقع، والشقق السكنية، ومخازن الذخيرة ومستودعاتها. وحتى كتابة هذه السطور، ما زال الحزب ولبنان بعيدين عن محاولات ترميم تلك الآثار التدميرية.

---

[60] الضرر المباشر المادي، الذي نجم عن سقوط ما يقرب من ألف قذيفة صاروخية في الأراضي الإسرائيلية، خاصة في المناطق السكانية، من بين أربعة آلاف قذيفة أطلقت، لم يكن كبيراً بصورة نسبية، فقد قتل من هذه القذائف 52 إسرائيلياً؛ 40 مواطناً، و12 جندياً من صفوف الاحتياط في التجمع الاستيطاني جلعاد.

أي أن هناك قتيل إسرائيلي في كل 80 قذيفة يتم إطلاقها، وهناك فقط 4% من هذه القذائف أصابت بصورة مباشرة المباني السكنية.

الضرر الأساسي الذي لحق بالدولة من هذه القذائف الصاروخية هي حالة الشلل المطبق التي ألمت بالوضع الاقتصادي في شمال البلاد.

[61] المقصود هنا منصات الصواريخ ذات المدى المتوسط، وليس منصات "الكاتيوشا"، التي أطلقت في معظمها دون الحاجة للمنصات.

عضوا الكنيست آفي إيتام، ويسرائيل حسون، لا يتقبلان تصوير ما سبق على أنه إنجازات للحرب، فيما عضو الكنيست يوفال شتاينتس يضيف أن تبعات القرار الدولي 1701 لا يجب أن تكون خاضعة للاختلاف في النقاشات الدائرة، نظراً لسلبيته الكبرى للدولة، في ضوء أن أضراره تفوق فوائده لإسرائيل.

ملاحق التقرير

قائمة بأسماء أهم الشخصيات التي قدمت إفاداتها أمام لجنة الخارجية والأمن التابعة للكنيست، خلال حرب لبنان الثانية ومرحلة ما بعدها

- أهارون أبروموبويتش، مدير عام وزارة الخارجية.

- الجنرال المتقاعد أودي آدم، قائد المنطقة الشمالية إبان حرب لبنان.

- العميد أمير آشيل، أحد قادة سلاح الجو.

- الجنرال غابي أشكنازي، مدير عام وزارة الدفاع خلال الحرب، ورئيس هيئة الأركان حالياً [2008].

- الجنرال المتقاعد دورون ألموغ، من بين من شارك في إعداد الأبحاث الخاصة بالحرب، بناء على تكليف من قيادة الجيش الإسرائيلي.

- إيهود أولمرت، رئيس الحكومة.

- الجنرال غادي أيزنكوت، قائد المنطقة الشمالية اليوم.

- إيهود باراك، مساعد رئيس الحكومة ووزير الدفاع.

- نمرود باركو، رئيس وحدة الأبحاث السياسية في وزارة الخارجية.

- العميد يوسي بايدتس، رئيس وحدة الدراسات في جهاز الاستخبارات العسكرية "أمان".

- ديفيد بروديت، رئيس اللجنة المكلفة بفحص موازنة وزارة الدفاع.

- الجنرال المتقاعد، يتسحاق بروك، قائد وحدة العمليات السابق.

- الجنرال المتقاعد، أبراهام بن ديفيد، القائم بأعمال قائد الجبهة الداخلية خلال الحرب الأخيرة.

- عمير بيرتس، نائب رئيس الحكومة، ووزير الدفاع خلال فترة الحرب.

166

- الجنرال المتقاعد، يوسي بينهورن، مراقب جهاز الأمن.

- العميد المتقاعد، سامي ترجمان، قائد وحدة العمليات خلال فترة الحرب.

- العميد المتقاعد، دوف تمري.

- اللواء المتقاعد، دان حالوتس، رئيس هيئة الأركان العامة خلال الحرب.

- مائير داغان، رئيس جهاز الأمن الخارجي "الموساد".

- اللواء رام دوور، رئيس وحدة أبحاث المعلومات في جهاز الاستخبارات العسكرية "أمان".

- يوفال ديسكين، رئيس جهاز الأمن الداخلي "الشاباك".

- عوفر ديكل، مسؤول ملف الجنود الأسرى والمفقودين من قبل رئيس الحكومة.

- رعنان دينور، مدير عام مكتب رئيس الحكومة.

- العميد المتقاعد، إيلي رايتر، قائد وحدة الجولان خلال فترة الحرب.

- الجنرال المتقاعد، يفتاح رون-تال، قائد سلاح المشاة السابق.

- العميد المتقاعد، ميري ريغف، الناطقة باسم الجيش الإسرائيلي خلال فترة الحرب الأخيرة.

- اللواء المتقاعد، أمنون ليبكين شاحاك، رئيس الأركان الأسبق.

- الجنرال أليعزر شترين، قائد وحدة القوى البشرية.

- اللواء المتقاعد، دان شومرون، رئيس هيئة الأركان الأسبق، ومن بين من قام بإعداد الأبحاث الخاصة بالحرب من قبل قيادة الجيش[62].

- الجنرال المتقاعد، موشيه عبري-سوكنيك، من بين من قام بإعداد الأبحاث الخاصة بالحرب من قبل قيادة الجيش.

- الجنرال المتقاعد، يعكوب عميدرور، من بين من قام بإعداد الأبحاث الخاصة بالحرب من قبل قيادة الجيش.

---

[62] توفي في 2008/2/26. (المترجم)

- الجنرال المتقاعد، يتسحاق غرشون، قائد الجبهة الداخلية خلال فترة الحرب.
- اللواء سيما فاكنين-غيل، الرقابة العسكرية.
- العميد المتقاعد، ألون فريدمان، قائد المنطقة الشمالية.
- الجنرال المتقاعد، موشيه كابلينيسكي، نائب رئيس هيئة الأركان خلال فترة الحرب الأخيرة.
- الجنرال غرشون كاهان، قائد وحدة العمليات.
- البروفيسور، آسا كيشر، من أبرز الخبراء الذين قاموا بتصميم البنية العسكرية للجيش الإسرائيلي.
- الجنرال المتقاعد غيو ليفكين، ضابط استخبارات المعركة الرئيس خلال فترة الحرب الأخيرة.
- تسيبي ليفني، مساعدة رئيس الحكومة ووزيرة الخارجية.
- ميحا ليندشتراوس، مراقب عام الدولة.
- الجنرال آفي مزراحي، ممن قاموا بإعداد الأبحاث الخاصة بالحرب من قبل قيادة الجيش.
- إيلان مزراحي، رئيس مجلس الأمن القومي خلال فترة الحرب.
- العميد المتقاعد، عوزي موسكوفيتش، قائد مركز التدريب البري خلال فترة الحرب الأخيرة.
- يسرائيل ميمون، سكرتير عام الحكومة خلال فترة الحرب.
- الجنرال عيدان نحوشتان، قائد وحدة القوى البشرية.
- الجنرال المتقاعد يورام يائير، من بين من قام بإعداد الأبحاث الخاصة بالحرب من قبل قيادة الجيش.
- اللواء عاموس يادلين، رئيس جهاز الاستخبارات العسكرية "أمان".

- الجنرال المتقاعد، موشيه يعلون، رئيس هيئة الأركان العامة السابق.

- 48 جندياً وضابطاً من صفوف الاحتياط الذين شاركوا في مجريات الحرب.

قائمة بأهم الزيارات الميدانية والجولات التفقدية التي قامت بها لجنة الخارجية والأمن خلال الحرب ومرحلة ما بعدها

- القيادات العسكرية للمنطقة الشمالية، عدة زيارات.

- مدن منطقة الشمال، عدة زيارات.

- المستشفيات والمراكز الطبية في الشمال، عدة زيارات.

- القيادات العسكرية لسلاح المشاة.

- قاعدة سلاح الجو في تل-نوف.

- قيادات العمليات في الهيئة العامة للأركان.

- وحدات النخبة في الجيش الإسرائيلي.

- هضبة الجولان وجبل الشيخ، عدة زيارات.

- قيادة الجبهة الداخلية، عدة زيارات.

- جهاز إطلاق الصواريخ "حيتس".

- قائدة سلاح الجو في رمات ديفيد.

- وحدات الجيش المنتشرة في المنطقة الشمالية.

- مراكز الاستعلامات في مدينة حيفا والمناطق المجاورة.

انتهى التقرير

ملحق تعريفي بالسير الذاتية لأبرز أعضاء لجنة الخارجية والأمن الذين صاغوا التقرير الحالي [63]

1. عضو الكنيست تساحي هنغبي – رئيس اللجنة – كاديما:

- من مواليد القدس سنة 1957.

- حامل لشهادة البكالوريوس في العلاقات الدولية والحقوق من الجامعة العبرية في القدس.

- أمضى عدة سنوات في الخدمة العسكرية، حيث خدم في لواء المظليين برتبة رقيب.

- شغل مناصب رئيس لجنة الطلاب القطرية، ومستشار وزير الخارجية، ومدير مكتب رئيس الحكومة.

- رئيس لجنة الخارجية والأمن، ورئيس اللجنة المشتركة لميزانية الأمن، التابعتين للكنيست.

2. عضو الكنيست يوفال شتاينتس – الليكود:

- مواليد سنة 1958.

- حامل لشهادة الدكتوراه في موضوع الفلسفة، وعمل عدة سنوات محاضراً جامعياً.

- رئيس اللجنة الفرعية لحالة الإنذار والأمن الميداني، وعضو في لجنة الخارجية والأمن الحالية، والرئيس السابق لها.

- شغل في السابق رئيس اللجنة الفرعية للشؤون المخابراتية والخدمات السرية؛ للتحقيق في أداء أجهزة المخابرات في أعقاب حرب العراق.

3. عضو الكنيست عميرا دوتان:

- مواليد سنة 1947.

- حاملة لشهادة البكالوريوس في علوم السلوك من جامعة بن غوريون.

- عملت مديرة للمعهد الأكاديمي لتسوية الخلافات، في كلية الإدارة، وهي عضو هيئة أمناء جامعة بن غوريون.

- رئيسة اللجنة الفرعية للعلاقات الخارجية والإعلام، وتشغل عضوية عدة لجان

---

[63] الملحق التعريفي من إعداد المترجم.

برلمانية أهمها: لجنة الخارجية والأمن، ولجنة الدستور والقانون والقضاء، ولجنة شؤون مراقبة الدولة، ولجنة النهوض بمكانة المرأة.

- حازت على عضوية لجنة التحقيق البرلمانية لفحص عمليات التنصتات السرية.

4. سيلفان شالوم – الليكود:

- مواليد تونس سنة 1958.
- تنقل في عدد من الوظائف والمهن كالصحافة، والمحاماة، وتدقيق الحسابات.
- شغل منصب رئيس مجلس إدارة شركة الكهرباء، والمدير العام السابق لوزارة الطاقة والبنى التحتية، وعضو مجلس سلطة الإذاعة.
- عمل مستشاراً لعدد من الوزارات أبرزها: المالية، والاقتصاد، والتخطيط، والعدل.
- رئيس اتحاد الطلبة في جامعة بن غوريون في النقب، ونائب رئيس اتحاد الطلبة القطري.
- وزير الخارجية السابق.
- ترأس مؤسسة "إسرائيل قوية وآمنة".
- شغل عضوية عدد من اللجان البرلمانية كالخارجية والأمن، والتربية والتعليم، واللجنة المشتركة لميزانية الأمن.

5. عضو الكنيست عتنيئل شنيلر:

- مواليد سنة 1952.
- حاصل على الشهادة الجامعية الأولى، تخصص العلوم الاجتماعية/ الديانة اليهودية، من جامعة بار إيلان.
- شغل المدير العام لمجلس "يشاع للمتسوطنين" بين عامي 1983–1986.
- المدير العام السابق للسلطة الوطنية للسلامة في الطرق في وزارة المواصلات.
- ينشر مقالات وآراء بصورة دورية في الصحف الإسرائيلية في مواضيع السياسة، والأمن، والاستيطان.
- يشغل حالياً عضوية عدد من لجان الكنيست كلجنة الخارجية والأمن، ولجنة الدستور والقانون والقضاء، ولجنة شؤون مراقبة الدولة.

6. عضو الكنيست إسترينا طرطمان:

- مواليد سنة 1953.

- تشغل حالياً عضوية لجان الخارجية والأمن، والداخلية وشؤون البيئة، والاقتصاد.

- قائمة بأعمال رئيس لجنة شؤون مراقبة الدولة، والخارجية والأمن.

7. إفرايم سنيه:

- مواليد سنة 1944.

- حامل لشهادة بكالوريوس في موضوع الطب من جامعة تل أبيب، وعمل طبيباً باطنياً.

- زميل بحث في دائرة الحساسية للمناعة الطبية في المركز الطبي في واشنطن.

- يتقن اللغات: العبرية، والإنكليزية، والعربية، والروسية، واليديشية.

- تدرج في الخدمة العسكرية من خلال الشبيبة الطلائعية المحاربة "الناحال"، ثم طبيباً في المظليين، ثم خدم في عملية "يوناتان" في عنتيبه، ثم صار قائداً لوحدة مختارة، ثم قائد الحزام الأمني في جنوب لبنان، ثم أصبح رئيس الإدارة المدنية في الضفة الغربية، ثم عميداً في الاحتياط.

- في حرب أكتوبر 1973 قاد وحدة طبية تابعة للواء المظليين الإلزامي في معركة المزرعة الصينية، وقاد المعارك التي وقعت غرب قناة السويس.

- قام بمهمات سياسية عديدة، خاصة فيما يتعلق بالفلسطينيين، بين عامي 1988-1994.

- تقلد عضوية عدد من اللجان البرلمانية: القائم بأعمال لجنة الخارجية والأمن، والعمل والرفاه والصحة، والدستور والقانون والقضاء، ولجنة العلم والتكنولوجيا، واللجنة الخاصة لفحص الاستعداد والجاهزية للزلازل والهزات الأرضية.

- ترأس اللجنة الفرعية لنظرية الأمن، واللجنة الفرعية لمراقبة الجيش الإسرائيلي وجهاز الأمن، واللجنة الفرعية للشؤون المخابراتية والخدمات السرية.

8. عضو الكنيست يسرائيل حسون:

- شغل عضوية عدد من اللجان البرلمانية أهمها: لجنة الاقتصاد، ولجنة الخارجية والأمن، ولجنة تحقيق برلمانية لدراسة عمولات البنوك.

9. عضو الكنيست كوليت أفيتال:

- مواليد سنة 1940.

- حاملة لشهادة البكالوريوس في العلوم السياسية، وشهادة الماجستير في الإدارة العامة.

- تتقن اللغات: العبرية، والإنكليزية، والفرنسية، والرومانية، والألمانية، والبرتغالية، والإيطالية.

- عملت سنوات طويلة في المجال الدبلوماسي، أهم المناصب التي تقلدتها: ملحقة الصحافة والتربية في بروكسل، وقنصلة عامة بالوكالة في بوسطون، ومندوبة "إسرائيل" في باريس، وسفيرة "إسرائيل" في البرتغال، وقنصلة عامة في نيويورك.

- شغلت عدة مواقع في وزارة الخارجية أهمها: مديرة دائرة الإعلام بالوكالة، ومديرة دائرة الإرشاد، ونائبة المدير العام قسم الاتصال والمعلومات، ونائبة مدير عام أوروبا.

- تكتب في عدد من الدوريات والصحف العالمية أهمها: Le Monde, New York Times, New York Post.

- تشغل عضوية عدد من اللجان أهمها: الخارجية والأمن، والدستور والقانون والقضاء، ومكافحة المخدرات، والهجرة والاستيعاب، والتحقيق في فحص عمليات التنصتات السرية.

- ترأست في السابق عدداً من لجان الكنيست خاصة اللجنة الفرعية لاستعادة أملاك ضحايا المحرقة النازية، وكشف الفساد في الهيئات الحكومية في "إسرائيل".

10. عضو الكنيست آفي إيتام:

- مواليد سنة 1952.

- حامل لشهادة البكالوريوس، ويدرس للحصول على شهادة الماجستير من جامعة حيفا.

- جنرال عسكري متقاعد.

- شغل عضوية عدد من اللجان البرلمانية: لجنة الخارجية والأمن، والداخلية وشؤون البيئة، واللجنة المشتركة لميزانية الأمن.

11. عضو الكنيست داني ياتوم:

- مواليد سنة 1945.

- حاصل على شهادة البكالوريوس في مواضيع الرياضيات، والفيزياء وعلوم الحاسوب من الجامعة العبرية في القدس.

- بين عامي 1993-1996، خدم في وحدة الاستطلاع التابعة للأركان العامة، ووحدات المدرعات، وقيادة الأركان العامة. وشغل عدة وظائف عسكرية أبرزها قائد المنطقة الوسطى، وسكرتير عسكري لوزير الدفاع ورئيس الحكومة.

- رئيس الموساد، ورئيس القيادة السياسية – الأمنية لرئيس الحكومة ووزير الدفاع.

- شغل رئيس معهد الدراسات الاستراتيجية في كلية نتانيا.

- يلقي بين الحين والآخر محاضرات حول موضوعي الخارجية والأمن في الجيش الإسرائيلي وفي مؤتمرات مختلفة.

- شغل عدة مواقع في اللجان البرلمانية أبرزها: الخارجية والأمن، والدستور والقضاء.

12. عضو الكنيست تسابي هندل:

- مواليد سنة 1949 في رومانيا.

- صاحب مزرعة، ومزارع.

- يتقن اللغات العبرية، والمجرية، والإيديش.

- خدم كمرشد لأبناء الشبيبة العسكرية في وحدة استطلاع ضمن سلاح المدفعية.

- شغل منصب رئيس المجلس الإقليمي "شاطئ غزة"، والمدير العام في شركة تطوير إقليم قطيف، ورئيس مجلس إدارة شركة تطوير النقب.

- عضو في سكرتاريا اتحاد القرى التعاونية، ويشغل منصب رئيس اللوبي من أجل الزراعة.

- يشغل حالياً عضوية عدد من لجان الكنيست: الخارجية والأمن، ومشكلة العمال الأجانب، والهجرة والاستيعاب، ولجنة الاقتصاد.

13. عضو الكنيست الحنان غيلزر:

- مواليد سنة 1947.

- فني إنتاج، وهو خريج من معهد إنتاجية العمل.
- عمل في مجال إدارة وقوانين العمل في معهد الهندسة التطبيقية "التخنيون".
- شغل عضوية لجان برلمانية مثل: رئيس اللجنة المشتركة لمراقبة وعلوم مشروع "مركافا".
- عضوية لجان المالية، وشؤون مراقبة الدولة، ومكافحة المخدرات، والمالية، والخارجية والأمن.

14. عضو الكنيست أبراهام رابيتس:

- مواليد سنة 1934.
- حاخام ورئيس معهد ديني يهودي.
- خريج المعهد الديني اليهودي في الخليل، وحامل شهادة ترسيم للحاخامية.
- خدم في صفوف العصابات الصهيونية والجيش الإسرائيلي.
- شغل عضوية لجان برلمانية في الكنيست أبرزها: الخارجية والأمن، والعمل والرفاه والصحة، ولجنة تحقيق كشف الفساد في الهيئات الحكومية، وعضو اللجنة الخاصة لمشروع قانون الخدمة العسكرية.

15. عضو الكنيست يوسي بيلين:

- مواليد سنة 1948.
- يتقن اللغات الإنكليزية، والفرنسية، والعبرية.
- حامل لشهادة الدكتوراه P.H.D.
- خدم في صفوف الجيش الإسرائيلي برتبة "رئيس عرفاء".
- تقلد عدداً من المناصب الحكومية أبرزها: ناطق بلسان حزب العمل، وسكرتير الحكومة، والمدير السياسي في وزارة الخارجية.
- باحث في هيئة تحرير صحيفة "دَفَار"، بين عامي 1969-1977، وكتب مقالات كثيرة في الجرائد المهنية في البلاد والعالم.
- من أبرز كتبه الصادرة: الأبناء في ظلّ آبائهم، وثمن الاتحاد، وجذور الصناعة العبرية، ولمس السلام.
- شغل عضوية عدة لجان برلمانية أبرزها: الخارجية والأمن، والداخلية وشؤون البيئة، والدستور والقانون والقضاء، والنهوض بمكانة المرأة.

Printed in the United States
By Bookmasters